# 서양 중세 경제사

# 서양 중세 경제사

**초판 1쇄 발행일** 2017년 12월 26일 **초판 2쇄 발행일** 2017년 12월 29일

**지은이** 한스외르크 길로멘 | **옮긴이** 김병용
**펴낸이** 박재환 | **편집** 유은재 김예지 | **관리** 조영란
**펴낸곳** 에코리브르 | **주소** 서울시 마포구 동교로 15길 34 3층(04003) | **전화** 702-2530 | **팩스** 702-2532
**이메일** ecolivres@hanmail.net | **블로그** http://blog.naver.com/ecolivres
**출판등록** 2001년 5월 7일 제10-2147호
**종이** 세종페이퍼 | **인쇄·제본** 상지사 P&B

ISBN 978-89-6263-169-2 93920

책값은 뒤표지에 있습니다. 잘못된 책은 구입한 곳에서 바꿔드립니다.

한스외르크 길로멘 지음
김병용 옮김

# 서양 중세 경제사

WIRTSCHAFTS-GESCHICHTE
DES MITTELALTERS

에코리브르

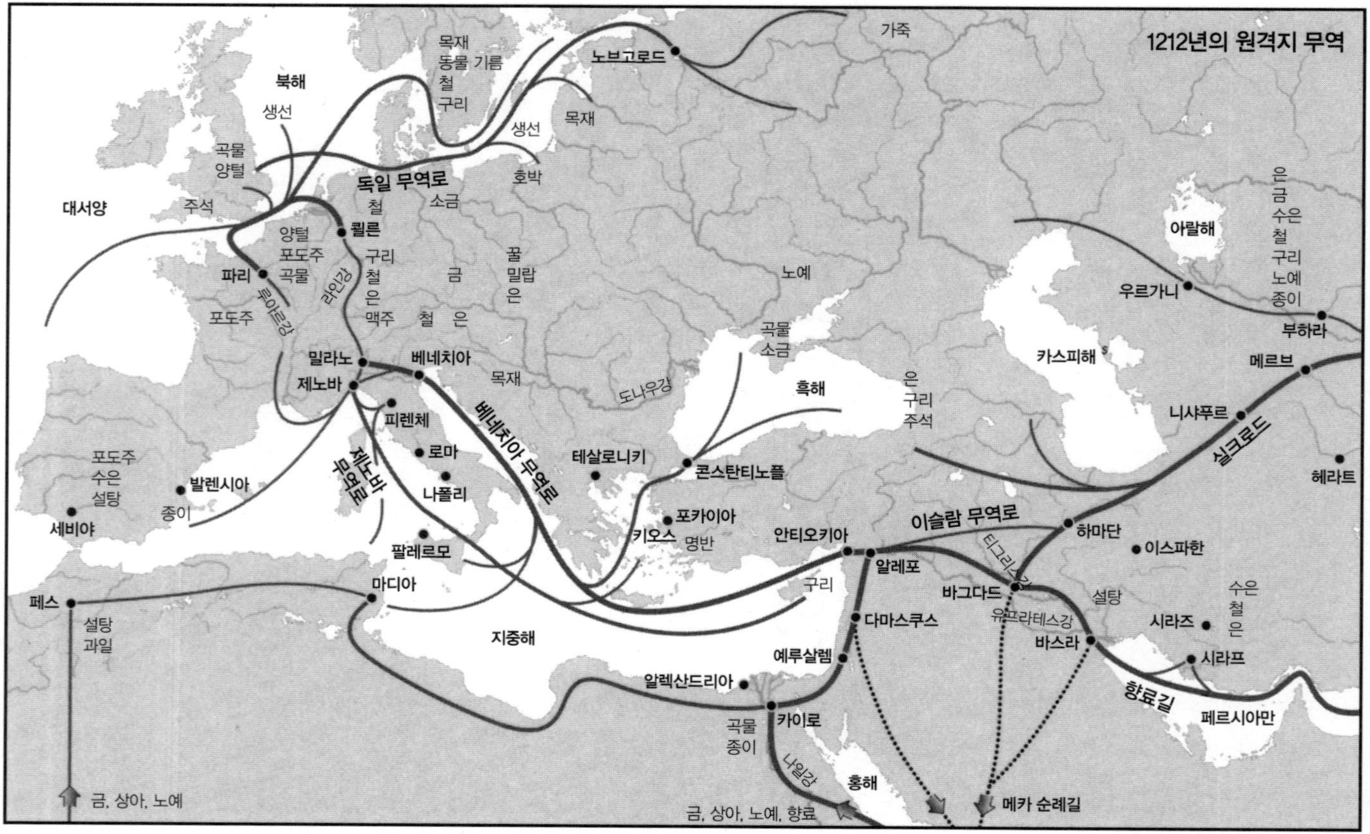
1212년의 원격지 무역
대서양
북해
생선
곡물
양털
주석
독일 무역로
쾰른
양털
포도주
곡물
파리
루아르강
라인강
포도주
철
소금
구리
철
은
맥주
금
철
은
꿀
밀랍
은
목재
동물 기름
철
구리
생선
호박
목재
노브고로드
가죽
노예
밀라노
제노바
베네치아
목재
도나우강
피렌체
로마
나폴리
제노바 무역로
베네치아 무역로
팔레르모
포도주
수은
설탕
발렌시아
세비야
종이
테살로니키
콘스탄티노플
포카이아
키오스
명반
곡물
소금
흑해
은
구리
주석
카스피해
아랄해
우르가니
은
금
수은
철
구리
노예
종이
부하라
메르브
니샤푸르
실크로드
헤라트
이슬람 무역로
하마단
이스파한
안티오키아
알레포
티그리스강
유프라테스강
바그다드
설탕
시라즈
수은
철
은
바스라
시라프
향료길
페르시아만
페스
설탕
과일
마디아
지중해
구리
다마스쿠스
예루살렘
알렉산드리아
카이로
곡물
종이
나일강
홍해
메카 순례길
금, 상아, 노예, 향료
금, 상아, 노예

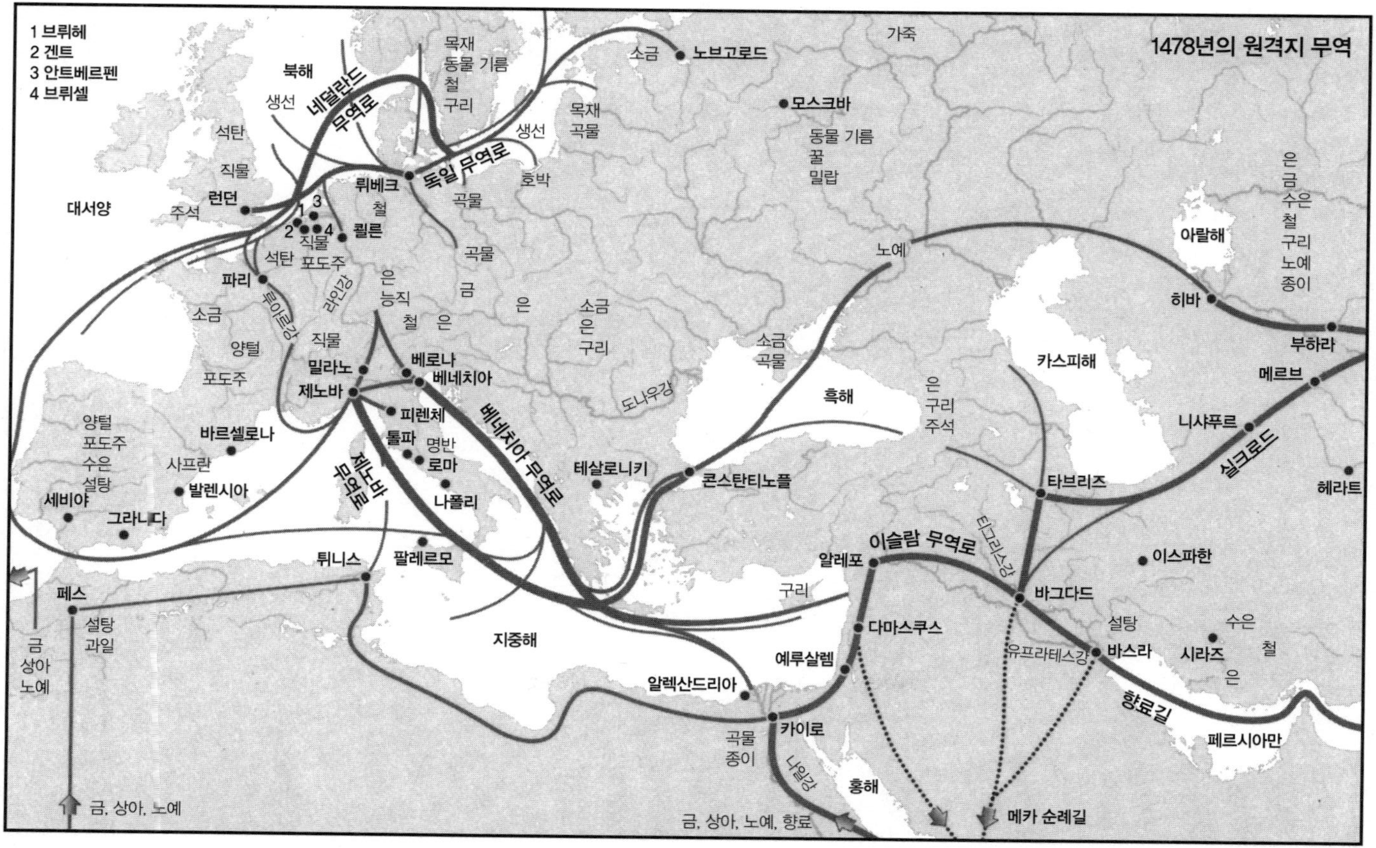

1478년의 원격지 무역
1 브뤼헤
2 겐트
3 안트베르펜
4 브뤼셀
북해
대서양
네덜란드 무역로
독일 무역로
베네치아 무역로
제노바 무역로
이슬람 무역로
실크로드
향료길
메카 순례길
런던
파리
뤼베크
쾰른
밀라노
제노바
베로나
베네치아
피렌체
톨파
로마
나폴리
팔레르모
튀니스
페스
세비야
그라나다
발렌시아
바르셀로나
노브고로드
모스크바
콘스탄티노플
테살로니키
알렉산드리아
카이로
예루살렘
다마스쿠스
알레포
바그다드
바스라
타브리즈
이스파한
시라즈
히바
부하라
메르브
니샤푸르
헤라트
아랄해
카스피해
흑해
지중해
홍해
페르시아만
루아르강
라인강
도나우강
티그리스강
유프라테스강
나일강
석탄
직물
주석
생선
소금
양털
포도주
사프란
수은
설탕
과일
금
상아
노예
목재
동물 기름
철
구리
곡물
호박
꿀
밀랍
가죽
은
능직
명반
종이
향료
금, 상아, 노예
금, 상아, 노예, 향료

# 차례

# 1

# 고대 후기에서 중세로(5~7세기)

## 단절과 연속

많은 역사서가 로마 제국 멸망을 놓고 여러 가지 주요한 원인을 이야기한다. 그중에 경제적 원인을 강조하는 것도 있다. 무엇보다 자주 제시하는 것은 노예제다. 노예제는 노동윤리를 파괴했고, 기술의 발전을 정체시켰다. 그리고 수요가 없음에도 지나치게 많은 양을 공급하거나, 반대로 노예 자신이 수확에 관심이 없었기 때문에 수요 부족 현상을 불러오기도 했다. 이러한 나쁜 생산성, 간단히 말해서 노예 공급 부족으로 인한 노동력 부족으로 노예제는 예속농제(Kolonatus)로 바뀌었다. 또한 화폐제도도 중요한 원인으로 거론된다. 화폐제도는 농업을 기반으로 한 자연경제의 발전을 뒷받침해주지 못했다. 당시 화폐제도는 단순한 '모조 자본주의' 정도로 볼 수 있는데, 이 시스템 속에서 생긴 이윤은 사치품과 예술에 쏟아부어졌다. 로마 멸망의 또 다른 주요 원인으로 거론되는 생산자에 가해진 가혹한 착취는 오히려 자본주의가 고도로 발달했기 때문이라는 것이다. 또 화폐수량설에 입각한 점도 고려하지 않을 수 없다. 야만인에게서 사치품을 수입하고 지급하는 과정에서 로마 제국의 보화들이 빠져나갔다. 이렇게 통화량이 줄어들자 생산가가 줄었고 질 낮은 생산품으로는 벌이가 되지 않았다. 많은 역사가는 과세도 중요한 원인으로 꼽는다. 과세로 인해 자유농이 소작농으로 전락했다. 지주와 관료의 이익을 위한 과세를 기반으로 한 사적 경제는 초토화되었다. 국가는 가난해졌으나 지주들은 부자가 되는 불균형이 가장 중요한 악재로 작용했다는 주장도 있다.

## 기독교의 영향을 받은 신(新)경제?

3~5세기에 교부들은 경제적 정의를 위한 기독교의 기본법을 정초했다. 그들의 부에 대한 평가는 이중적이었다. 아우구스티누스(Augustinus)에 따르면 신은 피조물을 다스리고 선을 시험하고

악을 벌하기 위해 부를 창조했다. 이와는 달리 테르툴리아누스(Tertullianus)는 신은 가난한 이를 보호하고 부자를 징벌한다고 했다. 히에로니무스(Hieronymus)는 한 사람이 부를 갖기 위해서는 다른 한 사람의 부를 빼앗아야 하므로 모든 부자는 부정의로 만들어진다고 했다. 그에 따르면 부는 가난한 이들을 보호할 때만 좋고 해악적이지 않을 수 있다는 것이다. 헤르마스(Hermas)는 심지어 가난한 사람의 짐이 너무 무거우면 신은 영생을 위한 좋은 열매를 가져다줄 수 없을 것으로 생각했다. 가난한 사람은 짐을 져야 하고, 부자는 덕스러워야 한다는 의견은 이후 기독교 작가들에게서 다시 등장한다. 가난은 신의 뜻이다. 부자는 가난한 사람을 도움으로써 그의 영혼을 구원받을 수 있다는 것이다. 8세기 초반에 쓰인 성 엘리기우스(St. Eligius)의 전기에는 다음과 같이 쓰여 있다. "신은 모든 사람을 부유하게도 할 수 있으셨으나 가난한 이를 두셔서 부자가 죄를 탕감할 기회를 얻도록 하셨다."

6세기에 쓰인 한 짧은 기록에는 교부들의 상업과 신용에 대한 입장이 나와 있다. 주님은 사는 사람과 파는 사람 모두를 교회에서 내쫓으심으로써 상인을 절대 좋아하지 않음을 알리셨다. 그러므로 기독교인은 상인이 되면 아니 되고 만약 상인이 되면 교회로부터 버림을 받게 된다. 원수 사이인 두 사람의 마음을 사려는 사람은 이 사람에게 저 사람을 욕하고 저 사람에게 또 이 사람을 흉보아야 하는 것처럼 물건을 사고팔려는 사람은 거짓과 위증을 해야만 한다. 여기서 경제의 기본 이념이 나온다. 한 상품은 하나의 가치를 가지고 그것을 사거나 팔 때 하나의 합당한 가격(pretium iustum)을 가지게 된다. 사거나 팔 때 가격의 차이는 부당하며 이로부터 발생하는 이윤은 나쁜 이윤(turpe lucrum)이고 폭리다. 상인의 이윤은 산 가격과 판 가격의 차이인데 이것은 늘 나쁜 이윤이다. 그러나 생산자가 원료로 물건을 만들어 소비자에게 팔 때는 다르게 본다. 생산품을 거래해야 하는 생산자와 이를 사용하는 소비자의 거래는 허용되었다. 상거래에 대한 부정적 시각은 고대에 행해졌던 이교적인 상업과 이윤에 대한 불신에서 유래했다. 이윤이 생산의 영역이 아니라 분배의 영역에서 유래하기 때문이었다.

기록은 가격 폭리 다음으로 이자 폭리도 언급한다. 모든 상인은 폭리를 얻으려는 자들이다. 그들은 빌려준 돈에서 이자를 취함으로써 신이 주신 대부의 시작과 종료 사이의 시간을 판매하는 자들이라는 비난을 받았다. 그러나 소작료나 집세는 이자로 간주하지 않았다. 소작인은 빌린 토지에서 곡식을 생산하고 세입자는 빌린 집을 사용한다. 토지나 집을 빌려준 사람은 그것을 사용하게 하고 대가로 돈을 받는다. 이것은 이윤이 이윤으로 교환되는 것처럼 보이지만 그렇지 않다. 돈은 사용가치를 가지는 것이 아니라고 보았기 때문에 구매의 수단으로만 사용되는 것이고, 이윤을 추구할 수 없다고 보았다. 그러나 농지나 집은 사용하기 때문에 노후화(폐기)되지만 빌려준 재화의 가치는 줄지도 낡지도 않는다고 보았다.

중세 전반에 걸쳐 중심에 있던 경제의 기본 입장은 이교적인 고대, 즉 돈은 수확을 만들 수 없다는 아리스토텔레스의 관점이 기독교적으로 급진화한 것으로 화폐의 교환 매개 수단 기능만 인정하는 것이다. 성경에서도 빌린 돈에 대해 이자를 가난한 사람들에 대한 폭리로 규정하고 있다. 이러한 화폐에 대한 이해의 바탕에서 어떤 위기에 처했을 경우에 소비를 위한 대출은 인정하지만, 투자를 위한 대출을 부정했고, 자본의 생산성에 대해서는 어떤 고려도 없었다.

## 인구 감소

인구의 크기는 식료품 수요는 물론 그 외 생필품의 수요를 결정하고, 생산을 위한 노동력의 크기를 결정한다. 2세기 이후부터 후기 로마 제국에는 분명한 인구 감소 현상이 나타났다. 이러한 인구 감소를 당시에는 우려스러운 일로 받아들였고, 법령을 통해 정치적으로 해결하려고 노력했다. 가령 자식이 없는 사람에게는 법적 불이익을 주었고, 아이를 가진 부모에게는 특권을 부여했다. 이러한 인구 감소에는 비정상적으로 높은 사망률도 작용했다. 2세기 이후 여러 번 창궐한 전염병도 원인이 되었다. 165/166년 메소포타미아에서 돌아온 세베루스(Severus)의 군대는 '안토니우스의 전염병'이라는 천연두를 제국으로 가져왔다. 이 전염병은 같은 해 로마에 퍼졌고, 그 후 갈리아 지역과 라인강 유역까지 퍼져 180년까지 혹은 189년까지도 계속되었다. 전염병에 강타당한 지역에서 인구의 10퍼센트가 목숨을 잃었다. 251~268년에는 '사이프러스의 전염병'이라고 하는 홍역과 천연두가 창궐했다. 말라리아와 폐결핵도 많은 희생자를 냈다. 4세기에서 6세기에는 그동안 산발적으로 나돌던 나병이 유행했다. 가장 나쁜 전염병은 '유스티니아누스의 선페스트'인데, 541년 이집트의 나일강 상류 지역에서 나타나 8세기까지 제국 전체에 창궐했다. 사망률은 매우 높았다. 지중해를 둘러싼 인구 밀집 지역이 이런 영향을 가장 많이 받았고, 인구는 40퍼센트까지 감소했다.

인구 집중이 덜한 지역도 10퍼센트까지 감소했다. 이에 따른 경제적 결과는 고대 말기 전 기간 노동력 부족과 황폐해진 물자로 나타났다. 6세기에 이르러 제국의 인구는 최저점에 달했다.

## '야만족'의 정주

게르만족은 로마의 동맹군으로 제국에 진입하여 로마와 정주(定住) 계약을 맺었다. 이는 로마가 비로마인과 맺은 형식적인 계약으로 경제적으로 놀라운 결과를 가져왔다. 그들은 보통 약탈을 일삼는 무장 전사들로 로마 국유지에 정주하거나 '손님' 자격으로 로마 지주의 토지를 경작하면서 잘살 수 있었다. 예를 들어 오늘날 프랑스 남부에 거주했던 파울리누스 펠라이우스(Paulinus Pellaeus)가 자신의 재산이 5세기에 서고트족으로부터 여러 차례 약탈당했다고 묘사한 것처럼 초기에 게르만족의 폭력과 위협은 로마 지주들을 무력하게 만들었다. 509년 동고트족 왕 테오데리히(Theoderich)는 한 편지에서 이를 미화하고 있다. 이 편지에 따르면 이탈리아의 3분의 1이 이들 '손님들'에게 주어짐으로써 민족 간의 우의가 형성되었고, 이에 대해 대가로 그들이 로마의 수비자가 되었다고 했다. 이러한 분할은 여러 형태로 이루어졌다. 먼저 국유지를 나누고 다음으로 지주의 토지를 나눴기 때문에 이에 대한 광범한 저항은 발생하지 않았다. 게르만족의 왕들은 로마 전문가의 조언에 따라 이와 같은 상태를 법문화하려 했고 여러 차례의 시도 끝에 성공했다. 시간이 지남에 따라 이들 정주민의 토지 이용권은 결국 완전한 소유권으로 변해갔다. 이러한 변화는 갈리아, 부르군트(부르고뉴), 이탈리아, 에스파냐 전역에서 여러 세대를 걸쳐 진행되었다. 이와는 달리 429년 반달족이 점령한 북아프리카에서는 원로원 귀족과 로마가톨릭의 영토를 몰수당했다. 유스티니아누스 황제의 재정복 이후 로마 영토를 회복했으나 토지를 몰수당한 후손들은 그렇게 많은 토지를 환수하지 못했다. 랑고바르드족은 동고트족 몰락 이후 이탈리아를 점령하여 원로원의 영토를 의도적으로 몰수했다.

게르만족의 정주는 착취와 약탈에 기초한 전시경제를 항구적인 농업경제로 변화시켰다. 만약 부르군트인이 영토의 3분의 2뿐만이 아니라 거기에 종사하던 노예의 3분의 1도 함께 받았다면 더 많은 생산을 했을 것이다. 500년경 군도바트(Gundobad) 왕의 칙령에 따르면 부르군트인이 공동으로 개간한 토지의 절반은 로마 지주들에게 넘겨주어야 했다. 이는 '손님들'의 농업이 활성화해 있었음을 증명한다.

## 세금 국가의 몰락

로마 제국이 농업에서 생산물과 노동력에 이른바 안노나(annona) 혹은 이우가티오(iugatio), 카피타티오(capitatio)라는 세금으로 재정을 충당하는 동안, 무한한 사유재산이 형성되었고 이로 인해 토지 소유에 대한 과세는 사라졌다. 〔로마 후기 안노나는 라틴어 annus에서 기인한 단어로 그해의 농산물 수확량, 더 나아가 비축 농산물, 필요 농산물, 특히 농산물 가격, 시장 가격 그리고 로마로의 농산물 유입 등을 의미한다. 여기서는 군인과 공무원의 생계와 수도 로마의 안녕을 위해 지방에서 로마로 유입된 농산물, 즉 체계화되지 않은 조세를 말한다. 이우가티오와 카피타티오는 라틴어 caput와 iugum에서 기인하는 단어다. caput는 사람과 동물의 머리를 뜻하며, iugum은 소와 말 등의 견인동물을 메는 멍에를 의미한다. 로마 황제 디오클레티아누스의 조세 개혁 이후 안노나는 가축(capita)과 함께 그때그때의 가용 노동력 및 경작한 토지 면적(iugera)을 기준으로 매긴 지조(地租)를 의미했다. 그동안 복잡했던 세금 체계를 두 범주, 즉 caput(사람 및 가축)와

iugum(사람과 가축이 경작한 토지)을 바탕으로 개혁한 로마 제국 전역에서 유효한 조세 제도다—옮긴이〕 이를 통해 그리고 우선 공직자들(curiales), 다음으로 지주들의 만연한 조세 회피로 로마 전체 경제를 좌우하던 로마의 세금 징수 체제는 무너지고 파괴되었다. 이 같은 균열은 5세기에는 갈리아, 6세기에는 이탈리아 전역에 나타났다. 최근의 측정에 따르면 4세기에 총세금은 국민소득의 20퍼센트 정도였는데, 이는 오늘날 근대 국가보다 낮은 수준이었다. 여기에다가 세금 부담은 경제의 분야마다 달랐다. 5세기 갈리아의 작가 살비아누스(Salvianus)는 농민의 세금 부담에 대해 이렇게 기술했다. "이 시대는 로마 제국이 이미 망하거나 파국에 이르렀는데 아직 망하지 않은 경우에는 세금의 압박이 마치 강도에게 빼앗기는 것과 같았다. 이런 시대에는 부자의 세금을 가난한 사람들이 물었는데, 이는 수많은 부자가 세금으로 가난한 사람을 죽인 것이다."

자유농민은 세금 압박을 피하고자 부유한 지주에게 자신의 재산을 넘기고 지주의 보호를 받는 소작인이 되었다. 그들은 세금을 내기보다 소작료를 내려고 했다. 게르만족은 징세를 당하는 것이 모욕적인 굴종이라고 생각했으므로 자신들의 영토에서도 로마 군인들처럼 면세를 받으려고 했다. 500년경에 갈리아에 있던 프랑크족과 부르군트족, 이탈리아의 동고트족, 서갈리아와 에스파냐에 있던 서고트족과 아프리카에 있던 반달족은 세금을 거뒀으나 그 이전 로마에서보다 현저하게 낮은 수준이었다. 메로빙거 왕국의 갈리아에서는 세금이 수확의 10퍼센트에 지나지 않았다.

로마 제국 후기에 거둔 세금은 무엇보다 군대에 보내졌다. 그러나 게르만 전사들은 국가의 세금이 아니라 자신들의 영토에서 나온 소득으로 군비를 충당해야 했다. 행정조직의 규모가 많이 축소되어서 세금을 더 거둘 필요가 없었다. 왕의 생활비는 물려받은 로마의 국유지에서 나온 소득으로 충당했다. 이로써 징세는 법적 권한을 상실하게 되었다. 이탈리아에 게르만 왕국을 건설한 랑고바르드족이 568년 이후 최초로 세금을 없앴다. 카롤링거 왕국 또한 징세하지 않았고 토지로부터 얻은 소득으로 살았다.

## 농업

고대 후기 경제의 핵심은 농업이었다. 이에 관한 사료를 확보하기는 쉽지 않고, 실제를 보여주는 문서는 단지 이집트에 관한 것뿐이다. 상당히 많은 양의 노르만족 법령을 발견했지만, 실상을 파악하기 매우 어렵다. 농업은 가족 단위의 소농과 대농장 경영의 형태가 있었다. 이런 것은 제국 여러 지역의 기후, 지리, 관습, 사회, 정치적 요인에 따라 다양하게 전개되었다. 먼저 자체 욕구를 채우는 것이 매우 중요했다. 그리고 시장은 무엇보다 스스로 생산할 수 없는 상품과 도구를 조달하기 위해 국지적으로 열렸다.

제국의 모든 지방에서 대지주의 수가 늘어났고, 대지주의 토지는 경작을 위해 소작인에게 넘겨졌다. 황제, 교회, 원로원, 교황청, 그리고 의사, 교수, 선주, 제빵업자와 같은 도시 직업인들의 대토지 소유는 과잉생산을 가져왔다. 이런 대토지를 노예와 자유 임금 노동자를 관리하는 관리자나 소작인이 맡아 경작했다. 한 소아시아의 사료에 의하면 대토지에서 10~20퍼센트는 노예가, 80~90퍼센트는 소작농이 경작했다고 한다. 관리자는 급여를 받고 총생산물을 지주에게 바쳤다. 소작인들은 지주에게 돈이나 생산물로 지대를 내고 부역도 해야 했다.

소작에는 단기소작과 장기소작이 있었다. 단기소작은 보통 5년 계약이었고, 재계약 시는 소작 조건, 소작료 등이 달라졌다. 상속소작이 소작인에게 유리했던 것으로 보인다. 왜냐하면 소작지를 잃을 위험이 없고 소작 조건이 바뀌지도 않을 수 있었기 때문이다. 상속소작인은 그들의 경작 토지가 마치 자신의 사유지인 것처럼 안전하게 생각했다. 4세기부터 단기소작에서 상속소작(장기소작)으로, 상속소작에서 사유지 경작으로의 긴 변천 과정이 전개된다.

4세기와 5세기를 거치면서 사적 재화를 생산하는 자유농민이 점차 감소했다. 높은 세금, 군역 등 여러 위협으로 개별 농민, 단체 혹은 마을 전체가 힘 있는 대지주나 관리의 보호 아래로 복속하려 했다. 자영농은 법적으로 소작지에 예속되는 소작농이 되었다. 대지주는 국가가 소작인에게 매긴 세금을 대신 내줄 의무가 있었다. 세금 징수는 법적으로 국가에서 행사했으나 지주의 권한이 되어갔다. 이를 통해 소작농은 토지에 예속되어 모든 의무를 수행했다고 해도 지주를 바꿀 수는 없었다. 자신의 소작 관계를 개선하기 위해 지주를 떠나겠다는 위협은 더 이상 통하지 않았다. 지주는 소작농에 대한 재판권 또한 주장했다. 지주-소작 관계에서 지주의 권한이 강화되었다. 소작농은 세금 징수를 확실시하기 위한 새로운 법령을 통해 점점 더 강하게 지주에게 복속되었다. 이들의 법적 지위는 점차 노예와 비슷해졌다.

소작농의 지위가 점차 나빠지는 동안 상대적으로 노예들의 지위는 높아졌다. 철저한 통제 아래 자유와 가족생활을 누리지 못했던 포로노예의 노동에 의한 대토지 경작은 고대 후기에 쇠퇴했다. 대신 대지주의 농장에서 작은 토지를 독립적으로 경작하는 노예들이 등장했고, 노예에게 가족생활을 허락함으로써 노예를 재생산할 수 있게 했다. 이러한 노예의 정주가 포로노예의 값이 올라서 포로노예에 의한 생산이 이윤을 가져다주지 못했던 것과 관련되어 있음을 연구자들은 밝히려 했다. 물론 5~8세기의 전쟁 상황으로 다시 전쟁 포로 출신 노예 수가 늘어나기는 했지만, 대부분의 태생적 노예는 서른 살이 되면, 사온 주인의 유언에 따라 자유민이 되었기 때문에 노예 수는 시간과 더불어 줄어들었다.

이 외 연구들이 밝힌 노예의 감소 이유는 낮은 생산력과 노예들의 수확에 대한 관심 부족 및 노동 거부, 파업, 도주 등을 들 수 있다. 떨어진 수익성을 높이기 위한 생산성 향상은 노동자에게 수확에 대한 몫을 할당해줌으로써 노동자가 생산 증대에 관심을 가질 때만 가능할 수 있었다. 그러므로 그들에게 작게라도 자기 몫의 경작을 허락함으로써 감시하기 위해 드는 비용을 줄일 수 있었다. 대지주들은 산출한 부가가치 대부분을 지대로 거두어갔다. 이런 점으로 볼 때 낮은 이윤율이 고대 후기 노예제의 몰락을 가져왔음이 확실하다. 포로노예 수의 감소는 초과생산의 감소도 가져왔다. 5세기 이후 제국 전체의 상업 네트워크가 붕괴하면서 특히 포도주 산업과 직조 산업에서 초과생산이 사라졌다.

자영농의 소작화와 소작농의 토지 예속화는 후기 로마 사회를 근본적으로 봉건화시켰다고 볼 수 있다. 국가와 신하의 관계가 대지주와 그들의 예속민 사이의 사적 지배 관계로 변했다. 이러한 사회 변화가 전체 사회의 변화를 초래하는 데 노예제의 약화와 몰락보다도 더 중요한 역할을 했던 것으로 보인다.

## 토지 경작

농업에서 가장 중요한 생산 품목은 밀이었다. 밀은 빵을 만드는 중요한 원료로 어디서든 자체 수요를 위해 생산했다. 밀 생산에는 지중해를 둘러싼 전 지역처럼 물이 충분한 토질과 온화한 기후를 지닌 옥토가 필요했다. 디오클레티아누스의 관개지에 대한 감세 조치로 4세기 초부터 물 공급을 위한 양수기 투자가 늘어났던 것으로 보인다. 북아프리카, 이집트, 시칠리아, 칼라브리아 등이 주요 밀 생산지였고 소규모지만 아퀴타니아(Aquitania)와 브리타니아에서도 밀을 생산했다.

주종인 밀(소맥) 외에 스펠트밀(triticum spelta), 엠머밀(far)과 아인콘밀(triticum unicoccum)을 경작했고, 적지만 호밀(secale cereale)도 경작했다. 호밀은 특히 겨울이 혹독한 카르파티아산맥, 알프스산맥, 보주(Vosges)산맥 같은 산악 지역에서 재배했다. 고대 말엽 도나우강(다뉴브강) 동쪽에서는 딘켈밀과 귀리 대신에 겨울에는 호밀을 여름에는 자트밀(satweizen)을 재배했다. 알프스 북쪽 지역에서는 빵의 주재료로 호밀을 썼으나 드물게는 보리(hordeum)를 사용하기도 했다. 반면 고대 지중해 전역에서 재배하던 기장(panicum miliaceum)으로 만든 빵과 죽은 그리 사랑받지 못했다. 흑해 지역, 갈리아, 북이탈리아 등지에서는 조(setaria italica)를 경작했다. 늦게 파종하는 기장과 조는 구황작물로서 중요했다. 귀리(avena)는 가축 사료로만 이용했다. 그러나 게르만족에게는 주요 식품이었는데, 기후에 예민하지 않아 추운 지역에서도 잘 자란 덕분이었다.

농업 생산성은 파종과 수확 사이의 관계로 정해졌다. 오늘날 전하는 고대 저술가들의 저작들은 신뢰하기 어렵다. 기원전 27년에 죽은 바로(Marcus Terentius Varro)에 따르면 같은 파종으로 경작지 상태에 따라 열 배에서 열다섯 배의 수확 차이를 낼 수 있었다. 기원전 43년에 죽은 키케로의 저술에 따르면 시칠리아 지역에서 일등급 토지의 밀 생산량은 보통 해의 경우 여덟 배 정도라고 한다. 그러나 기원후 70년에 죽은 콜루멜라(Lucius Junius Moderatus Columella)는 네 배 정도 수확도 이탈리아에서는 드물다고 했다. 이집트에서의 생산력은 확실히 높았으나 6세기에 관개수로가 파괴되면서 떨어졌다. 현대적 측정 방법에 따라 파종과 수확의 관계를 계산하면 1 대 4 정도다. 황제들은 황폐해진 영지를 다시 경작하려는 사람들에게 몇 년간의 면세나 감세 등 다양한 혜택을 약속했다. 그러나 국경 지대에서는 야만족의 거듭되는 침입으로 정기적 경작은 불가능했고 땅은 황폐해졌다. 생산성이 낮음에도 불구하고 국가에서 중과세를 매기자 그나마 메마른 땅이 더 황폐해졌다. 갈리아, 북아프리카, 이집트, 시리아 등이 가장 심각하게 황폐해졌다.

방앗간은 이런 식량 경작과 연관되어 있었다. 방아는 이미 변속장치가 되어 있었으며 노예나 말, 당나귀가 돌렸다. 수평축 물레방아와 수직축 물레방아는 기원전 3세기에 이미 있었다. 301년 디오클레티아누스의 '가격설정 목록'에 따르면 방앗돌이 없는 말 방아는 1500데나르, 당나귀 방아는 1250데나르에 불과했고, 물레방아는 2000데나르였으나 디딜방아는 250데나르였다. 높은 투자비용에도 불구하고 물레방아를 점점 더 많이 사용했다. 기원후 1세기 스위스 아방슈(Avenches)의 샤플릭스(Chaplix)에서, 2세기 초 바이에른의 다징(Dasing)에서 물레방아를 사용한 흔적을 발견했다. 2세기에 물레바퀴가 16개나 되는 거대한 물레방아가 아를의 바르베갈(Barbegal)에 있었음을 고고학적으로 증명했다. 여기서는 매일 4톤에서 5톤가량의 밀가루를 제분했다. 방앗돌 두 개로 가는 물레방아의 생산력은 당나귀 방아의 무려 다섯 배나 되었다. 물레방아의 공이로 곡식을 빻는 방법은 플리니우스에 따르면 기원후 1세기에 이미 이탈리아 전역에 퍼졌고, 이런 공이는 5세기에 쥐라의 콩다(Condat) 수도원에서도 사용한 것이 확인된다.

## 포도 재배

밀 다음으로 중요한 식료품은 모든 계층의 사람들이 매일 마셨던 포도주였다. 이런 포도주 문화는 로마 후기에 이미 북쪽으로 퍼졌다. 론강 유역의 알로브로게스(Allobroges)족은 1세기에 거친 기후를 견뎌내는 포도종 '알로브로지카(allobrogica)'의 생산에 성공했다. 이 포도주의 주요 판매 시장은 비엔과 리옹이었다.

이렇게 시장을 북쪽으로 확장할 수 있었던 것은 손강을 이용한 배 운송 덕분이었다. 같은 시기에 또 다른 포도주 집결지는 새로운 포도종 '비투리카(biturica)'를 생산하는 보르도였다. 보르도는 특히 브리타니아로 포도주를 수출하는 중심지였다. 같은 시기에 인접한 에스파냐는 새로운 포도종 '코코루비스(cocolubis)'를 생산했다. 3세기에는 부르군트에 포도밭이 생겼다. 부르겐란트(Burgenland)와 남티롤 지역은 벌써 로마 이전에 포도를 재배해왔다. 알자스와 모젤(Mosel)강 지역에서도 일찍이 황제 도시인 트리어 근처의 피스포르트-뮤스테르트(Piesport-Müstert)에서 200년 이후로 추정되는 포도즙 기계가 확인되었다. 문학적으로는 4세기의 시인 아우소니우스가 그의 모젤강 여행기 《모젤강(mosella)》이라는 책에서 모젤 포도주를 칭송한 사실이 확인되고 있다.

300년경 작가 여섯 명이 쓴 《황제 전기(Historia Augusta)》에 따르면 프로부스 황제(Marcus Aurelius Probus, 재위 기간 276~282)는 갈리아, 에스파냐, 영국 사람 모두에게 포도주 생산을 허락함으로써 소수 특권층이 누리던 포도주를 모든 사람이 누릴 수 있도록 했다. 센강 어귀, 루아르강, 팔츠, 라인강 등의 유역으로 포도 생산이 확대된 것은 아마 이 조치와 관련 있는 것으로 보인다.

모든 초기 포도주 수출 지역은 론·가론·손·센·루아르·모젤·라인강 하류 등과 같은 물길이 닿는 곳이었다. 이것은 운송이 포도주 거래에 큰 역할을 했음을 알려준다. 전통적인 포도주 수출 지역, 특히 이탈리아는 알프스 이북 지역과 오랫동안 혹독한 경쟁을 치렀다.

## 올리브와 특용작물 재배

올리브와 올리브유는 중요한 농산물이다. 올리브 나무는 로마 제국에서 매우 광범위하게 경작했다. 북아프리카, 에스파냐, 시리아에는 올리브만 재배하는 대규모 경작지가 있었다. 올리브유는 식품은 물론 조명과 위생을 위해서도 쓰였다. 비누가 아직 없을 때 올리브가 비누를 대신했다. 올리브유, 올리브, 빵, 치즈, 소금, 포도주는 가난한 사람들도 매일 먹는 식료품이었다. 기름은 식료품을 저장하는 데도 쓰였는데, 물고기를 올리브유와 함께 토기에 저장하여 대단위로 수출했다. 북아프리카에서는 무화과·아티초크·석류·쿰멜 등을, 시리아에서는 무화과·유향수 등을 생산했다. 다마스쿠스는 자두와 대추야자로 유명했고, 크레타에서는 마르멜로를 생산했다. 채소나 과일은 라티움과 에트루리아의 관개 시설 덕분에 로마의 수요에 비교해 과잉생산되었다. 로마인은 알프스 이북에 체계적인 과수원을 만든 최초의 사람들이었다.

## 목축, 사냥, 어업

목축업은 중요한 경제 행위였다. 말, 노새, 낙타, 황소를 운송 수단으로 길렀다. 우유를 얻기 위한 낙농업은 드물었고, 오히려 고기를 생산하기 위해 길렀다. 지중해의 건조한 지역과 척박한 산악 지역에서는 양과 소를 방목하기도 했다.

식용으로 가장 많이 기른 것은 돼지였다. 돼지보다 가치는 떨어졌지만, 양적으로는 양과 염소를 더 중요하게 취급했다. 301년의 디오클레티아누스의 가격설정 목록에 따르면 1파운드당 돼지고기는 12데나리〔denarii: 로마의 은화. 데나리온(denarius)의 복수—옮긴이〕, 쇠고기, 양고기, 염소고기는 8데나리였다. 쇠고기는 흔하지 않았는데 황소가 수레를 끄는 가축이라서 늙어서야 도축했기 때문이다. 이에 비해 송아지 고기는 맛있는 것으로 여겨졌다. 아우렐리우스 황제(270~275) 때부터는 로마 시민에게 곡물뿐 아니라 올리브유와 겨울 다섯 달 동안 먹을 고기도 무상으로 나누어주었다. 여기에 필요한 가축은 남이탈리아의 지주들에게서 현물세 명목으로 받아냈다.

식용으로 사냥하는 동물은 멧돼지, 사슴, 집토끼와 산토끼뿐 아니라 곰, 영양도 있었다. 사냥은 상류층의 유희였고, 군인들의 빈번한 업무이기도 했다. 특히 고대에는 인도의 사냥술인 매를 이용한 사냥법을 애용했다. 원로원 귀족들은 사냥을 위해 매와 개를 키웠는데 야만족 상류층도 이를 따라 했다.

물고기와 해산물도 중요한 먹거리였다. 바다 생선보다 민물고기를 더 높게 쳐줬다. 북아프리카는 소금에 절인 물고기를 손잡이가 두 개 달린 '암포라(amphora)'라는 단지에 담아 수출했다. 에스파냐와 남프랑스에서는 '가룸(garum)'이라는 물고기로 만든 소스를 대량 생산하여 암포라에 담아 수출했다. 모든 저택에, 시간이 흐른 뒤에는 모든 수도원에 양어장을 두었다. 수도원은 사순절 규정에 따라 물고기를 대량으로 필요로 했다. 굴, 게, 조개류 또한 즐겨 먹었다.

## 광업, 철 수공업

고대 말에 광업은 특히 영국과 에스파냐, 엘바와 사르데냐, 일리리아, 달마티아, 마케도니아, 소아시아의 주요 산업이었다. 3세기는 모든 광물, 특히 철광석, 구리, 아연, 납, 은, 금 등의 광업이 장기간 위기 국면으로 들어갔다. 그동안 많은 투자를 해야 했으나 널리 사용하던 금광과 은광에서의 수력을 이용한 기술(씻어 내리고, 물을 끌어 올리고, 연마하는)은 더는 사용하지 않았다. 에스파냐와 브리타니아의 금광에서는 청동을 두드려 가공하기 위해 물레방아를 이용했다. 이는 벌써 로마 시대에 수차(水車) 회전운동이 캠축을 거쳐 일직선상의 수직(垂直) 왕복운동으로 변하는 기술이 있었음을 입증하고 있다.

5세기로 들어설 무렵 금속 생산을 서로마 제국 전 지역에서 중단했다. 단지 서고트가 점령한 에스파냐 지역에서는 아주 제한된 양을 생산했다. 5~7세기에는 생산의 집중 대신에 지역의 수요에 부응하기 위해 작은 규모의 광산이 많이 생겼다. 금속이 부족해지자 동고트 왕국은 오래된 건축물에 있는 테오데리히 왕의 동상이나 철로 된 닻을 녹이기도 했다. 금속은 동로마 지역에 있는 광산에서 수입했다. 6~7세기에 서로마 지역의 금 부족은 금화의 순환을 위축시켰고 랑고바르드의 금화 주조에서 금의 순도를 떨어뜨렸다. 7세기에 비잔틴에도 금속 부족 현상이 나타났다. 그린란드 얼음의 층위에서 나온 납 오염량 측정 결과에 따르면 납 광산이 3세기부터 급격하게 줄기 시작해 470~990년에 최저치를 기록한 것으로 보인다. 이 측정 결과에 따르면 은과 구리 광산도 비슷한 실정이었다.

## 주거지의 확장, 도시, 수공업

로마 제국은 말엽에 이르러 지역의 정치적이고 경제적인 중심지 역할을 하는 도시를 중심으로 다스렸다. 농촌지역 수확 대부분이 세금과 지대로 도시로 들어가서 일부는 도시에 남고 일부는 국가로 귀속되었다. 6~7세기 초에 이르러 도시의 구조적 변화로 도시의 주도권이 무너졌다. 도시의 과세 기능은 사라졌다. 그러나 키비타스(civitas)는 주변 지역에 대해 행정적으로 중심지 역할을 했다. 거기에는 대부분이 아주 중요한 지주였던 주교들이 거주했기 때문이다. 남부 갈리아, 이탈리아, 에스파냐 남부와 동부에서는 지주인 귀족들이 도시에 살았다. 특히 북부와 중부 이탈리아에서 도시들은 시장 및 수공업자들과 함께 행정·종교·경제의 중심지 기능을 했다. 도시의 성벽은 도시의 인구를 보호했고, 자산가들은 도시에서 약탈당하지 않고 안전하게 살 수 있었다. 북부 갈리아에서는 도시의 구조가 심하게 흔들렸다. 브리타니아는 농촌화되었다. 406년에 라인 지역 게르만의 침입 이후 갈리아 방어를 위한 군사력을 철수한 후 브리타니아에 대한 로마 제국의 방어력도 약화했다. 브리타니아로 작센족이 쳐들어왔다. 브리타니아 도시들은 빠르게 권력과 행정의 중심지 기능을 잃어 갔다.

260년부터 알라마니족(Alamannen)이 라인강을 넘어 오늘날 스위스 지역에서 약탈을 자행하면서 거의 모든 도시를 파괴했다. 여기에서 농촌 정주 형태 변화의 좋은 예를 볼 수 있다. 스위스 서부에서 북동부까지의 지역에서 로마의 잘 알려진 농장 약 350개 가운데 86개만이 오늘날의 정주지로 발전했다. 파리의 강 유역에서 거주지가 연속되었다는 이전의 주장이 완전히 틀린 것은 아니다. 로마 시대에는 거대한 국유지로 이용했던 토지들이 3세기부터는 황폐해지고 다시 숲이 되었다. 이런 변화는 동시에 남은 정주 지역의 인구 밀도를 높였다. 비슷한 현상이 프랑스의 다른 지역에서도 발생했다. 갈리아 북부의 꽃가루 분포도에 따르면 400년부터 이전에 농토와 목초지로 사용했던 토지가 숲으로 변했다. 경작지의 경작 중단은 450~550년에 극에 달했다.

유기피우스(Eugippus)가 쓴 세베리누스(Severinus of Noricum)의 전기는 6세기 초까지 노리쿰(이탈리아와 도나우 사이 지역) 도시들의 절망적 황폐화에 대해 적고 있다.

고대 말기에 알려진 직업은 통틀어 287개다. 이런 다양성은 직업의 발전된 전문화의 모습을 보여준다. 예를 들어서 고대 말엽 석관 588개에 쓰인 글은 속주 실리시아(Cilicia)의 제국 도시 코리코스(Korykos)의 직업 분화에 대해 적고 있는데 무려 60개가 넘는 직업이 나온다.

확실하고 기술적으로도 진보한 것은 무엇보다 국가적 지원을 받은 도시 건설업이었다. 국가의 건축 사업은 교회의 사업으로 계속되었음에도 5세기에는 알프스 북부 지역에 벽돌 건축이 끝난 것처럼 건축업 분야에 심한 불황이 왔다.

특히 발전한 분야는 요업이었다. 테라 시길라타(Terra sigillata)라고 불리는 얇고 붉은 유약을 바른 도기는 제국 전체에서 발견될 만큼 널리 퍼졌다. 리옹, 라그로페젠크(La Graufesenque), 레주(Lezoux), 라인차베른(Rheinzabern) 등지에서 생산한 갈리아 도기가 시장을 지배했다. 로마 지배 이후의 영국에서 도공의 녹로가 더 사용되지 않은 것은 수공업의 몰락을 보여준다. 또 하나의 수공업의 전형은 로마식 유리 산업이다. 쾰른 지역은 유리 산업의 중심지였다. 이는 무엇보다도 화산에서 가져온 광물을 원료로 할 수 있었기 때문이다. 그러나 유리 산업은 6세기에 몰락한다. 이와 같은 수공업 분야의 사례들은 고대에서 중세로 가는 변화를 보여준다.

## 상업, 운송 도로

육지와 바다의 안전한 상업로는 로마 말기의 짧거나 먼 거리의 상품 교역을 가능하게 했다. 돌로 포장한 원거리 교통 도로와 많은 간선 도로 그리고 작은 길들로 구성된 로마의 도로망은 우편 전달과 말 교체를 위한 역과 함께 하나의 총체적으로 짜인 소통망이었으나, 고대 말엽에는 제대로 관리하지 않았다. 비잔틴에서 페르시아로 가는 길과 도나우강이나 이탈리아로 가는 길은 군사적 목적으로 6세기에도 여전히 잘 관리했으나 유스티니아누스(527~565) 시대 이후로는 이 길의 관리마저도 멈췄다. 발칸을 가로지르는 육로 연결은 7세기에 불가라아인이 도나우 지역을 지배하면서 끊겼다. 아울러 늘어나는 노상강도로 도로의 안전도도 줄어들었다.

서로마 지역 큰 육로의 중심지들은 중세 초기에도 많이 이용했다. 겨울에 알프스의 길은 스키로 다닐 수 있었고, 여름에는 짐 운송용 수레를 끌고 다닐 수 있는 길과 짐 운반용 동물들이 다닐 수 있는 길이 있었다. 동물들은 120킬로그램의 짐을 운반했지만, 축이 하나인 수레를 이용하면 더 무거운 짐을 나를 수 있었다. 301년의 디오클레티아누스의 가격설정 목록에서 황소 두 마리가 끄는 수레는 200킬로그램에서 400킬로그램의 짐을 나를 수 있었고, 평균 260킬로그램의 짐을 날랐다. 말과 노새는 더 빨랐지만 몸집이 작고 수레가 적절치 않아 큰 짐을 나를 수는 없었다. 게다가 그때는 발굽에 편자도 달지 않았다. 테오도시우스 법전에 따르면 마차 한 대는 최대 490킬로그램(1500로마파운드)까지 끌 수 있다고 했다. 수레는 '율리어 산길(Julierpass)'과 '셉티머 산길(Septimerpass)'을 이용할 수 있었다. 이탈리아에서 라인과 갈리아까지 가장 짧은 산길인 '슈플뤼겐(Splügen)'과 '대성(大聖) 베른하르트'는 짐을 실은 동물만 이용할 수 있었다. 대성 베른하르트 산길을 넘은 후 부분적으로 제네바호와 아레강의 물길을 이용하여 라인강까지 갔다. '뷘트너 산길(Bündnerpass)'을 넘은 후 발렌호(Walensee)와 취리히호를 거쳐 라인으로 갈 수도 있었다. 알프스 서쪽으로는 몽스니와 '소성(小聖) 베른하르트 산길'은 아오스타 계곡에서 이제르 계곡까지, 그리고 몽주네브르의 토리노에서 브리앙송(Briançon)까지 연결되어 있었다. '심플론 산길'은 마지오레(Maggiore)호에서 리옹으로 가는 길이었지만 가파른 곤도(Gondo) 협곡 때문에 덜 이용했다. '베른슈타인 산길'은 이탈리아에서 도나우를 거쳐 발트해 연안 지역으로 알프스를 동쪽으로 돌아가는 상업로였지만 4세기에 이미 빛을 잃었다. 판노니아(Pannonia) 지역으로 향하는 알프스 동쪽 산길은 6세기에 슬라브족과 아바르족이 이 지역을 점거한 이후로는 사용하지 않았다. 바이에른족은 고도가 낮고 부분적으로 수레가 지날 수 있어서 알프스 정상을 넘나드는 길 중 일 년 내내 개방되어 있는 '레슌 산길(Reschenpass)' 과 '브렌네르 산길' 입구를 통제했다. 로마제국의 남쪽과 동쪽 지역에서는 6세기에 벌써 물건을 운송할 때 수레에 싣지 않고, 동물에 직접 싣는 방식으로 변했다. 프랑크왕국에서는 8세기나 9세기에 이와 같은 변화가 이루어졌다. 이런 변화는 원격지 상업에서 운송량이 줄어든 결과였다.

배가 다닐 수 있는 강은 운송 시스템의 중추였다. 론, 라인, 도나우가 주요한 강이었다. 물길을 이용한 운송은 중세 초기에 늘어났다. 6세기와 7세기 초 이탈리아의 정치적 혼란은 포강에서 알프스를 넘어 라인강에 이르는 연결망의 가치를 더 크게 했다. 가장 중요했던 연결로는 론강 계곡에서 지중해, 지중해에서 배로 이탈리아 해변에 도달하는 노선이었다. 연안 선반 운송은 원거리 도로들의 사정이 나빠지자 늘어났다. 7세기와 8세기 동안 스위스의 산길들과 라인강 계곡이 다시 이탈리아와 프랑크 왕국을 잇는 주요 연결망이 되었다.

11월부터 3월까지 겨울 동안 전혀 운항하지 않던 지중해 서쪽 연안의 배의 수는 서로마 지역의 인구 감소로 물자 운송이 줄면서 줄어들었다. 5세기와 6세기에 많은 배가 이집트와 아프리카에서 현물세로 거둔 농산물(식량과 올리브유)을 제국의 대도시와 군대에 공급했다. 유스티니아누스 황제 재임 기간 동안 해마다 알렉산드리아 항구에서 거의 16만 톤의 식량을 콘스탄티노플로 운송했다. 제국은 조선업자와 선원에게 여러 가지 지원을 했다. 그 결과 사적 무역 항해가 발전하기도 했다.

북아프리카는 옥수수와 올리브유를 제국으로 수출했다. 그러나 반달족이 북아프리카를 점령하면서 로마의 식량 공급은 크게 타격을 받았다. 그로 인해 로마의 인구가 300년에서 530년 사이 80만에서 60만으로 줄었다. 제국은 이제 더 이상 아프리카 상품을 세금으로 거두지 못하고 거래로 구입해야만 했다. 유스티니아누스가 반달 제국을 정복하자 아프리카 상품을 다시 세금으로 거두었다. 북아프리카의 테라 시길라타의 수출은 5세기부터 줄어들다가 7세기에는 중단되었다. 5세기에는 도기에 담아 전 지중해 지역에 수출하던 북아프리카의 염장 생선〔마로코(Marokko)〕 생산을 중단했다. 한때 값싼 필기도구였던 파피루스는 7세기 갈리아에서 드물어졌다. 5세기에 아프리카에서 프랑스 항구 마르세유, 아를, 니스 등으로 수입하던 것을 소아시아와 레반트에서 수입했다. 반달 제국의 멸망 이후 7세기 말까지 북아프리카의 상품들은 다시 마르세유항으로 들어왔다.

서지중해 지역에서는 망망대해로의 항해는 의미를 잃었고, 해안선을 따라 항해했다. 해양의 중심지는 동지중해로 이동했다. 617년에 페르시아의 알렉산드리아 정복으로 수확물 해양 운송은 결정타를 맞았다. 618년에는 콘스탄티노플에서 국가의 빵 배급을 중단했다. 641년에 알렉산드리아, 그리고 얼마 지나지 않아 카르타고의 세력권이 아랍인의 손에 들어갔다. 국가 지원을 받는 식량 운송 항해의 종말은 상업적 항해에도 영향을 미쳤다. 원거리 교역은 의미를 잃었고 좁은 공간에서 지엽적인 항해가 행해졌다. 그러나 향료 무역은 당시의 개념으로 세계적이었다. 아라비아, 페르시아, 인도는 물론 스키타이 길이나 실크로드를 거쳐 몽골과 중국까지 행해지고 있었다.

개개의 영역이나 지역 및 시간에 대해서 많이 고려하지 않고 전체적으로 본다면 300년에서 700년 사이 로마 제국은 경제적으로 퇴행했다. 5세기와 6세기에 특히 동로마에서는 경제적으로는 번영하던 몇몇 지역이 있었다. 지역적으로 차이가 나고 경기 회복의 시기가 있었다고 해도 전체 상황에는 변화가 없었다. 로마 제국을 지탱하던 경제는 7세기 말엽까지 장기적인 경제적 몰락과 정치적이고 군사적인 역전을 지속해서 당하면서 붕괴했다.

## 야만족의 경제

사회적으로 노예는 게르만족과 함께 가장 낮은 계급이었다. 야만족은 로마 제국 내로 진입하면서 지방 로마인을 납치하고 노예로 만들었다. 야만족도 전쟁 포로를 노예로 만들어 일부는 로마 노예상에게 팔았다. 게르만족의 전쟁이 가능할 수 있었던 것은 노예의 노동력으로 농업 생산이 유지되었기 때문이다. 수적으로 가장 중요한 계층은 자유민이었다. 이들 자유민 사이에는 보유

자산의 차이가 있었다. 베저강 어귀의 게르만 정주지에 대한 고고학적 발굴 결과에 의하면 몇 집은 소를 32마리 보유했고 다른 집은 많아야 12마리를 보유했다. 자유민 사이의 이러한 빈부 격차는 로마인에서보다는 더 작았지만, 1세기부터 금괴, 보석, 사치품으로 부의 축적이 가능했던 로마 경제와 접촉하면서 꾸준히 커졌다.

게르만족 경제의 특징은 방목과 토지 경작이 연계된 축산업이다. 알프스 이북 지역의 생계는 축산업에 훨씬 더 의존해 있었다. 그곳에서는 빵 대신 고기를 먹었고, 포도주 대신 우유와 맥주를 마셨다. 그리고 올리브유 대신 버터와 라드를 먹었다. 가장 중요한 곡물은 호밀이었고, 다음으로 밀과 귀리의 순이었다. 콩과작물도 재배했다. 민족의 대이동 시기에 이미 토지를 경작하던 알라만족은 보리와 귀리를 주곡으로, 딘켈밀은 세 번째 곡식으로 재배했다. 이 외에도 나크트밀, 일립소맥, 엠머밀과 호밀 등도 재배했다. 보리 생산의 우세는 보리를 여름에 경작하고, 맥주 생산이 생계에 미친 영향이 컸기 때문이다. 메로빙거 시대까지 보리를 많이 생산했다. 그때 가장 중요한 곡식은 귀리, 딘켈밀, 나크트밀이었으며, 콩과작물, 특히 불콩 경작도 중요했다.

게르만족의 도구는 단순했다. 보통 보습만 얇은 철판으로 덮은 나무쟁기를 사용했다. 연구자들은 흙을 뒤집는 쟁기 볏을 단 작은 개별 이랑쟁기도 고증되지는 않았지만, 토지 경작에 사용했다고 주장한다. 수확을 위한 도구인 낫도 로마에서 사용하는 것과 같다. 켈트족들은 이 외에도 풀을 베기 위해 큰 낫을 사용했다. 곡식은 대부분 손 제분기로 갈았다. 엘베강과 라인강 사이의 게르만족은 로마인이 했던 것처럼 가축의 힘으로 돌리는 제분기도 사용했다.

여자들은 식량 재배와 밥 짓는 일을 했고 남자들은 목축업을 했다. 게르만족의 부와 사회적 신분은 그가 가진 소의 숫자로 가늠되었다. 돼지, 양, 염소, 말도 길렀다. 초기의 역사학계 주장과는 달리 고기는 대부분 사냥이 아니라 목축으로 얻었다. 게르만 정주지에 대한 고고학적 탐사 결과 야생 고기의 뼈는 전체의 8퍼센트에도 미치지 못한다. 가축과 반려동물의 뼈는 평균 97퍼센트에 이른다. 알라만족 시대 초기에 쇠고기가 주된 식량이었다. 돼지고기도 많이 먹었으나 양과 염소는 적게 먹었다.

소의 건강을 유지하기 위해 절반을 세 살 이내에 도축했다. 그 외 절반은 우유와 송아지 생산을 위한 암소로 열 살까지 사육했다. 돼지의 4분의 1은 한 살 때, 4분의 1은 두 살 때, 나머지 대부분은 세 살 때 도축했다. 가축들은 오늘날보다 작았다. 집에서

키우는 짐승은 작은 것을 선호했고, 게다가 사료 부족으로 소가 점점 작아졌다. 가축의 무게는 확실하게 가벼웠는데, 평균적으로 돼지 한 마리당 50~55킬로그램, 양은 25~30킬로그램의 고기를 얻었다.

게르만족의 수공업은 발전하지 않았다. 생활용 도기는 물레판 없이 그냥 맨손으로 만들었는데 주로 여자들의 일이었던 것으로 보인다. 그릇은 고로가 아니라 장작불에 구웠다. 여자들은 직물도 담당했다. 가치가 높다고 인정되는 몇몇 수공업 분야는 남성들이 주로 하는 철공업이었다. 금속은 작은 오븐을 1300도에서 1600도 사이로 높였을 경우 녹았는데, 철을 함유한 금속을 한 번에 1리터 정도 생산했다. 이 분야에서 게르만의 기술은 로마의 기술에 많이 뒤져 있었다. 그러나 전체적으로 보면 금속 가공업 분야에서 로마의 기술이 우월했다고 보기 어렵다. 게르만식 연마 방식을 가지고 철광석을 철로 만들었다. 탄력이 있으면서도 강한 철의 생산은 로마산보다 우수한 검의 생산을 가능하게 했다. 그러나 이러한 철제 무기는 드물었다. 철을 구하고 작업하는 데 많은 시간이 들었기 때문에 철을 무기 생산에 활용하는 일은 적었다. 양손을 쓰는 장검은 드물었다. 철의 부족으로 한 손을 쓰는 단검을 사용했다. 창은 끝만 철을 사용했고, 나무로 된 방패에는 중앙의 튀어나온 부분만 철을 사용했다.

로마와는 달리 수공업과 농업 생산은 실제로 자체 수요에 따른 것이었다. 게르만 지역 내의 상품 순환은 판매를 통해서가 아니라 물물교환이나 약탈을 바탕으로 한 경제로 이루어졌다. 같은 몇몇 부족 사이에서 혹은 부족 내의 씨족 사이에서의 약탈은 가축이나 노예를 얻기 위한 것이었다. 원격 거래는 별다른 역할을 하지 못했다. 물론 야만족은 로마의 문명에서 완전히 고립되지는 않았다. 특히 국경 지역은 1세기 이후 집중적으로 로마 문화와 접촉이 이루어졌다. 그중 게르만족은 국경의 장벽을 따라 로마와 접촉을 시도했다. 이곳에 로마의 생산물이 넓게 퍼져 있었음이 고고학적으로 밝혀졌다. 더 북쪽으로 오데르강 건너 쪽의 무덤에서는 로마의 사치품들이 발견되었다. 거꾸로 게르만족도 로마 제국에 노예, 가축, 모피, 동물 가죽, 호박 등을 공급했다.

# 2

# 7~9세기

## 첫 번째 호황

이 시대는 주로 프랑크 왕국의 발전에 관한 것이다. 북아프리카 지역이 점령된 후 711년 이후로는 이베리아반도도 이슬람에 정복당했다. 이를 계기로 교황은 비잔틴 제국과 거리를 두었고, 8세기 전반에 걸쳐서 형성된 교황청과 프랑크 왕국의 협업으로 정치의 중심이 북쪽 프랑크 왕국으로 옮아갔다. 이러한 전개 과정은 800년 교황 레오 3세에 의해 거행된 카롤루스 대제〔라틴어 Carolus Magnus는 우리나라에서 샤를마뉴 혹은 샤를 대제(프랑스어 Charlemagne 혹은 Charles le Grand), 찰스 대제(영어 Charles the Great), 카를 대제(독일어 Karl der Große) 등으로 표기한다. 본 번역서에서는 당사자가 살았던 당시 공식 표기인 라틴어 이름을 사용한다.

샤를마뉴는 영어권에서도 많이 사용하고 있지만 '샤를마뉴 대제'는 잘못된 표기이고 '대제'를 쓰고 싶다면 샤를마뉴에서 '마뉴'가 대제를 의미하므로 '샤를 대제'로 사용해야 한다—옮긴이]의 황제 대관식과 함께 끝났다.

중세 초기에는 도시 인구의 중요성이 크게 줄어들었다. 90퍼센트가 넘는 인구가 농촌에서 일했다. 그런데도 프랑크 왕국 시대에 농민은 잘 대우받지 못했다. 사회적 인정은 무엇보다도 약탈 전쟁에 참여해서 승리한 사람들과 출생 신분이 결정했다.

고대 말기의 상류층이 깎아내렸던 육체노동이 중세에는 교회 때문에 새롭게 가치를 인정받았다고 주장되었다. 예를 들어 베네딕트의 규범은 수도승의 일상 육체노동을 단지 도덕적 예방 차원에서 영혼의 적인 태만을 막기 위한 것으로 그리고 겸손의 실천으로 간주하고 있다. 6~8세기의 성인전은 성자들의 육체노동을 속죄 행위의 일종으로 묘사하고 있다. 육체노동을 매우 부정적으로 인식하는 당시 사회에서 기도와 노동(ora et labora)은 비하된 육체노동을 성스럽게 했던 수도자적 겸손, 속죄, 고행의 이상이 될 수 있었다.

## 대토지 경영의 대표적 형태

독일어로 고전적 지주제(Klassische Grundherrschaft)는 한정적 의미에서 도마니알비르트샤프트(Domanialwirtschaft) 혹은 빌리카티온〔Villikation, 빌리카티온(Villikation)은 지주제(Grundherrschaft)의 하나다. 프랑스 학계에서는 이를 'régime domanial classique', 영국 학계에서는 'classic manor'로 표기한다. 도마니알비르트샤프트(Domanialwirtschaft)는 프랑스의 'régime domanial classique'를 독일어로 표기한 것이다—옮긴이〕으로 표기하기도 한다. 이는 대토지를 조직하고 경영하는 독특한 방식을 뜻한다. 이런 방식의 주요 요소는 다음과 같다.

- 빌라(villa)는 수백이나 수천 헥타르의 농지와 목초지, 숲, 포도밭과 채소밭 같은 특수 작물 등의 복합적인 경작 토지로 구성되었다.
- 이 빌라는 단 한 명의 지주에게 속하는데, 지주는 이러한 빌라를 여러 개 소유하기도 한다.
- 빌라는 두 부분으로 나뉜다. 지주가 직접 관리하는 직영지와 예속농지다. 직영지는 잘란트(Salland)라고 불렸고 예속농지는 라틴어로는 만시(mansi), 독일어로는 후펜(Hufen)이나 후벤(Huben)으로 불

렀다. 직영지는 수 헥타르 크기의 토지로 구획 지어져 있었다.

- 직영지와 예속농의 부역 관계가 이 체제의 핵심이다. 지주에게 수확이 다 돌아가는 직영지는 대부분 후펜에 사는 예속농의 부역으로 경작됐다. 따라서 직영지의 크기는 예속농의 수와 균형을 맞추어야 했다. 균형 잡힌 체제가 한쪽에서 변하면 다른 쪽도 변해야 했다.

이러한 지주제 경제체제의 등장에 대해서는 여러 이견이 있다. 로마의 빌라에서 직접 기원했다는 주장은 다음과 같은 점에서 부정된다. 갈로-로만 시대에 로마 빌라가 가장 널리 발전했던 프로방스와 셉티마니아 대공국(Septimania)과 같은 지역에서 고전적 형태가 9세기에 나타나지 않는다는 점이다. 고전 지주제는 처음 시작된 지역에서 7세기에 그 모습을 최초로 드러낸다. 그리고 9세기 초에 와서야 센강 중류 지역에 분명한 형태를 갖춘다. 거기에서 프랑스의 북동 지역인 피카르디, 에노, 플랑드르의 남쪽 경계까지, 브라반트의 남쪽 및 로렌과 알자스, 동쪽으로는 부르군트까지 퍼진다. 핵심 지역에서 석회가 많은 황토 고원의 토질은 특히 곡식 재배에 잘 맞았다. 고전 지주제의 발생은 이와 같은 토질로 인한 곡식 재배의 증가와 관련이 있을 것으로 추정된다. 또한 이런 지역에서는 마을 형태를 띤 여러 집단의 정주지가 널리 퍼져 있었다. 따라서 지주 직영지의 부역을 위한 충분한 노동력이 준비되어 있었다.

메로빙거 초기의 빌라는 고전적 지주제와는 여러 가지 차이가 있었다.

- 빌라는 모두 더 작았다.
- 빌라는 곡물을 더 적게 생산했고, 그만큼 더 적은 토지와 숲을 소유했다.
- 지주의 직영지는 모든 예속농지보다 훨씬 더 컸다.
- 지주의 직영지를 예속농의 부역이 아니라 직영지에 머무는 노예에 의해 경작했다.

메로빙거 시대에 이러한 예속농의 부역은 이른바 관개 지역(riga)에서만 제한적으로 실시됐다. 모든 부역은 농민에게 부여된 소규모의 지주 직영지에서만 행해졌던 것으로 보인다. 물론 이 직영지의 수확은 모두 지주의 차지였다. 8세기 초까지 대토지에 거주하던 자유농민만이 유일하게 부역을 했다. 그 후 대토지 경영이 바뀌면서 새로운 부역제도를 도입했다. 노예와 소작농은 새로운 농장과 건물을 부여받았다. 이와 같은 일이 가능했던 것은 황무지 개간으로 새로운 경작지가 생겼기 때문이다. 빌라의 큰 숲들은 이 개간으로 아주 작아졌고 그 대신 경작지가 커졌다. 이와 함께 지주 직영지도 커졌다.

학계에서 인정한 이와 같은 가설은 고전 지주제가 발생했던 핵심 지역에서 메로빙거 시대의 빌라와 고전적 제도 사이의 관계를 탄력적으로 설명할 수 있게 한다. 개간으로 수많은 농민의 삶의 기초가 마련되었다. 동시에 농민들은 지주 직영지의 늘어난 부역을 떠안아야만 했다. 새로운 연구에 따르면 다른 지역과 비교해서 고전 지주제가 발달한 핵심 지역에서 7~8세기에 활발하게 개간이 이루어졌다.

그런데도 의문은 남는다. 왜 개간된 다른 지역에서는 이 고전 지주제가 그렇게 이른 시기에 형성되지 않았을까? 여기에 대한 대답은 아마도 핵심 지역에 내재해 있던 특별한 정치적 현실에서 찾을 수 있을 것이다. 말하자면 핵심 지역은 6~8세기 프랑크 왕국의 팽창 과정에서 프랑크족이 거주했던 지역이다. 이곳은 프랑크족이 가장 밀집한 정주지였고 메로빙거와 카롤링거 왕국의 핵심 지역이었다. 메로빙거 왕국은 이곳을 정복하여 광범한 땅을 차지했고 이를 그들의 지지자와 충성을 바친 자들에게 나누어주었다. 프랑크족의 지배적인 지위는 프랑크족 지도층이 그들의 신봉자들에게 땅을 넘겨주면서 형성되었다. 비교적 제한된 지역에 집중되었던 거주지는 활발한 개간을 해야 했다. 새 제도의 형성에 특히 중요했던 것은 왕의 주변에 있던 프랑크족 고위층이 이른바 왕권을 위임받아 행사했다는 사실이다. 이것은 농민의 새로운 부역 의무에 대한 법적 근거였다. 지배층은 비교적 큰 직영지를 경작하기 위해 예속농민에게 부역을 강요할 수 있었다.

부역의 의무는 먼저 왕령지, 다음으로 교회의 땅으로 점점 널리 적용되었다. 부역은 처음에 소작인과 노예에게 그들의 신분에 따라 다르게 적용되다가 나중에는 땅에 부과됐다. 9세기의 토지대장에서 부역은 만수스〔mansus, 복수는 만시(mansi)〕당 부과됐다. 만수스 자체를 당시 자유농지(ingenuiles), 비자유농지(serviles), 반자유농지(lidiles)로 나누어 불렀다. 즉, 농민에게 제공한 토지가 신분적 성격을 가지고 있었다. 토지 점유자의 신분이 아니라 토지에 부여된 신분에 따라 생산물 지대와 부역의 양이 달리 결정되었다. 각 만수스는 벌써 9세기에 단순한 조세 단위가 되었다.

만수스는 7세기에 파리 지역에서 등장한 후 새로운 부역 형태를 받아들인 다른 지역으로 점차 퍼져갔다. 이 과정에서 고전적 지주제의 탄생에 중요한 역할을 했던 만수스와 부역 이 두 요소가 결합했다. 그러나 만수스는 로마 시대의 유굼(jugum)에서도 기원한다. 이것은 농민의 보유지에 세금을 매길 때 쓰는 측정 기준으로 황소 한 마리가 끄는 쟁기로 지을 수 있는 땅의 크기를 말한다. 만수스의 갈로-로만식 개념은 콜로니카(colonica)로 농민의 가족경영을 말한다. 그러나 사료에 따르면 만수스의 크기는 매우 다양했다. 9세기 초반 생제르맹데프레 수도원의 토지대장(Polyptychon)에 따르면 만수스의 크기는 0.25헥타르에서 17헥타르까지 68배 차이가 났다. 에노의 로브(Lobbes) 수도원의 만수스의 크기도 15헥타르에서 38헥타르까지 다양했다. 이러한 차이에 대해서는 아직 설득력 있는 이유를 찾지 못하고 있다. 같은 장소의 같은 지주에게서 받은 만수스의 크기가 달라도 생산물 지대와 부역의 의무는 같았다.

이런 만수스의 개념은 서프랑크 왕국의 모든 곳에서 적용되지는 않았다. 남쪽 지역 마르세유의 성 빅토르 수도원의 토지대장(813/814년경)에는 농민 보유지가 콜로니카로 표현되어 있다. 프로방스에서는 만수스란 표현이 10세기 말엽에 나타난다. 동프랑크의 로르슈(Lorsch) 수도원의 사료에는 800년경에 만수스라는 단어를 사용했지만, 여기에서는 농가의 농장을 의미하는 만시오(mansio)의 의미로 제한되어 있다. 7세기의 옛 독일어 글들에서 발견되는 후바(huba), 혹은 호프(hof)의 개념은 만수스의 독일어 표현으로 어원학적으로 '갖다'는 의미의 하벤(haben)과 관련 있는 것으로 보이며, 옛 영어 글들에서는 해브(have)나 하이드(hide)를 사용했다. 앵글로-색슨계 수도승 베다 베네라빌리스(Beda Venerabilis)는 7세기의 하이드라는 단어를 '한 가족의 재산'으로 정의했다.

고전적 제도는 노예 노동을 통한 경제체제의 문제점 때문에 만들어진 변화로 분석된다. 노예 수의 감소는 노동력 부족을 가져왔다. 그것의 해결 방법은 예속농의 보유지를 늘리는 것인데, 동시에 부역을 늘리고 직영지에 부역하지 않는 농민의 보유지에 제한을 두는 것이었다.

9세기에 이러한 제도의 핵심은 플랑드르 지역, 영국, 동프랑크 왕국, 랑고바르드족의 이탈리아 같은 지역으로 널리 퍼졌다. 그러나 이 제도를 가장 분명하게 먼저 적용한 곳은 네우스트리아, 아우스트라시아(Austrasia), 부르군트 지역이라고 할 수 있다. 이는 이 제도의 적용(특히 부역의 의무)이 강한 강제성으로 지지되어야 했기 때문이다. 심지어 부르군트 지역에서는 고전적 형태의 적용이 매우 어려웠던 것으로 보인다. 거기에는 만수스에 대한 부역의 의무가 너무 적었다. 즉 일주일이 아니라 일 년에 3일

뿐이었다. 이곳에서는 10세기까지 지주 직영지를 예속민의 부역이 아니라 중심부에 거주하는 노예에 의해 경작했다. 유럽의 많은 지역에서 이렇게 양분된 제도는 훗날에도 나타나지 않는다. 가령 포르투갈, 엘베강 동편, 프리슬란트 등에서는 나타나지 않았고, 중부 이탈리아, 남프랑스, 보헤미아 등에서는 아주 약하게 나타났다.

이미 메로빙거 시대에 교회가 아주 많은 토지를 소유했다. 616년 르망의 주교 베르테크람누스(Bertechramnus)의 칙령에 따르면 그의 소유 토지가 30만 헥타르에 달했다. 카롤링거 시대 지주 지배지의 크기는 다양했다. 몇 개의 빌라로 이루어진 비교적 작은 것에서부터 아주 거대한 것들까지 있었다. 여기서 몇 가지 사례를 들면, 카롤루스 대제 시대에 파리의 생제르맹데프레 수도원은 3만 헥타르 이상의 땅을 소유했다. 이르미노(Irmino) 수도원의 미완성 토지대장에는 지주의 직영지 외에 25개의 빌라에서 매년 15만 일의 부역이 행해졌던 대략 2000만시 크기의 농민 보유지와 완전히 지치게 해서는 안 되는 농민들이 표시되어 있다. 그러나 이것이 당시의 가장 큰 지주 직영지는 아니었다. 장크트갈렌 수도원, 로르슈 수도원, 바이센부르크(Weißenburg) 수도원에는 4000만시 크기의 예속적 농민 보유지가 있었고, 간더스하임(Gandersheim) 수도원은 무려 1만 1000만시, 풀다 수도원은 1만 5000만시가 있었다.

고전적 빌라의 형태가 결코 가장 흔하지는 않았다. 최근의 새로운 연구들은 이 형태가 등장할 수 있는 기본 조건이 오히려 드물었음을 밝혔다. 한 지주가 한 빌라 전체를 가지는 것도 예외 상황이었다. 고전적 제도를 실시하려고 자주 시도했지만 실현되지 않았다. 이 제도는 지주 직영지와 예속농의 수 사이에 균형이 맞아야 작동할 수 있었는데 당시의 토지 소유 관계는 지속해서 변했다. 이미 864년 카롤루스 대머리왕의 칙령은 소작농이 그의 상속 보유지 중 일부를 다른 사람에게 팔아서 빌라들이 엉망진창이 되거나 파괴되어 어느 땅이 어디에 속하는지를 알 수 없게 되었다고 경고한다. 지주들은 토지 사용 권한을 상속하고 있는 농민들의 부동산 거래를 막을 수는 없었다. 이것은 만수스 크기가 다를 수 있음을 알려준다. 각 빌라가 고전적 모델을 따라 작동하던 지주제에서도 다른 소유지에서는 다른 방식이 작동했다.

이러한 고전적 형태 외에도 프랑스에는 무엇보다도 두 가지 다른 형태가 널리 퍼져 있었다. 하나는 813/814년 마르세유의 성 빅토르 수도원의 토지대장에서 볼 수 있다. 여기서 지주 직영지는 전반적으로 거론하지 않고 있다. 이에 따라 그것의 경작을 위한 부역도 거론하지 않고 있다. 농부들은 숲과 목초지에 대한 사용 대가로 몇 가지 현물세를 냈다. 그 외에 그들은 수확 일부를 징수당하는 형식으로 토지를 소유했다. 다시 말해서 수확의 일정량, 즉 10분의 1을 마르세유의 교회에 바쳐야 했다. 이런 부분 소작〔타일바우(Teilbau), 샹파(Champart)〕은 프랑스 남부의 지주 직영지에서 널리 퍼져 있었다. 이것은 갈로-로만식 모델을 따른 것으로 보인다.

프랑스 북부에서는, 즉 7세기 투르의 생마르탱 수도원, 9세기 오베르뉴의 모리아크 수도원, 북부르군트의 몬티어랜더 수도원에서는 다른 형태가 작동했다. 이 형태에서는 실제로 부역이 없었고, 특히 곡물과 목재로 조세를 각출했다. 현물세 소작과는 달리 일정량의 조세를 요구했다. 이런 방식은 로마 말기에 국유지에 대한 경작에 작동하던 방식을 직접 모방한 것이다. 이런 국유지가 교회와 몇몇 권력자의 손에 들어가게 된 것이다. 지주는 여기서 농민에 대해서 땅 주인 역할을 했고, 부역이 아니라 조세를 요구했는데 그가 직영하는 토지가 없었기 때문이다. 이런 세 가지 방식 이외에 네 번째 방식은 지주의 직영지가 많을 경우 지주가 직접 관리하는 노예로 경작하는 방식도 있었다. 이 방식의 경우 대개 아주 소수의 농가가 해방노예의 생계를 책임졌다.

지주제로 묶인 땅들이 훨씬 더 좋은 조건이었을지라도 대부분의 농민은 사유재산을 지닌 자유농민이었음을 생각해야 한다. 고전 지주제가 가장 잘 발달했던 센강과 라인강 사이의 지역에서조차도 절반이 넘는 농민이 자유로운 토지 소유자였다. 카탈루냐와 카스티야에서는 이와 같은 자유농민이 완전히 지배했다.

## 적은 수확량과 식량 위기

지주제의 수확에 대해서는 아나프(Annapes)에 있던 왕령지의 자료가 큰 역할을 해왔다. 이 자료에 의하면 수확은 별것이 아니었다. 720셰펠(scheffel) 딘켈밀을 심으면 1328셰펠을 수확했다. 실제 수확량은 608셰펠이었다. 파종과 수확의 비율이 1 대 1.85로 파종한 씨의 1.85배의 곡식을 추수했다. 다른 곡물의 수확은 더 나빴다. 따라서 이러한 흉작은 오래 견딜 수 없었을 것이다. 그러므로 여러 해석이 가능할 수밖에 없다. 원문의 내용을 심한 흉년의 상황으로 이해할 수 있지만, 다른 한편으로는 수확이 두 배로 증가했다고 이해할 수도 있다. 왜냐하면 세전 수확에서 엄청난 지대를 제외한 수확일 수도 있고, 지난 수확에서 아직 남은 양을 혹은 종자로 남긴 양을 말하는 것일 수도 있기 때문이다. 그러므로 그 비율을 1 대 4나 1 대 5로 생각할 수도 있을 것이다. 이런 것은 오늘날의 1 대 20이나 1 대 30과 비교하면 말할 수 없이 적은 양이다. 10세기의 산 톰마소 디 레지오 에밀리아(San Tommaso di Reggio Emilia)의 토지대장에 따르면 수확은 1 대 1.7에서 1 대 3.3 비율이었다. 북이탈리아 지역에서 보비오(Bobbio) 수도원이나 브레시아의 산타줄리아(Santa Giulia) 수도원은 1 대 2에서 1 대 3.25 정도였다.

이렇게 적은 수확으로는 축적할 수 없었고, 식량이 부족한 지역으로 대규모 식량을 수송하는 것도 어려워져 식량 부족 지역은 경제 위기에 처하게 됐다. 8세기 후반에 이르러 여섯 번, 9세기에는 열두 번이나 큰 기근을 겪었다. 게다가 지엽적인 기근도 많이 발생했다. 9세기 동안 기근이 26년이나 있었는데 4년에 한 번은 기근에 빠진 셈이었다. 북프랑스에서는 7년에 한 번꼴로 기근이 있었다. 792/793년의 기근 때 카롤루스 대제는 빈민을 구제하기 위해 곡물의 상한가를 반포했고, 왕의 영지에서 나온 수확물을 상한가 이하로 팔도록 했다. 또한 빵 값을 규정했다. 그리고 지주들에게 자유인과 노예를 보호하라고 명령했다. 그리고 모든 주교, 수도원장, 수녀원장 각자가 수확기까지 기아에 시달리는 네 명을 먹여 살리도록 했다. 이는 뜨거운 돌 위에 물 한 방울을 떨어뜨리는 격이었다. 779년 흉년에 카롤루스 대제는 성직자들에게 의무적으로 빈민을 구제할 것을 명했는데 그것은 일종의 빈민 구제를 위한 세금을 거둔 것이었다. 806년 흉년에는 곡식과 포도주를 싸게 사서 보관한 뒤에 비싸게 파는 것을 금했다. 주교, 수도원장, 수녀원장, 관리, 백작 들로부터 봉토를 받은 자들과 왕이나 교회로부터 봉토를 받은 자들은 토지에 예속된 농민들을 먹여 살려야 했고 보유 농산물은 책정된 상한가로 판매해야만 했다.

토지대장들을 보면 지주 직영지에서 여름작물과 겨울작물을 재배했다. 겨울작물로는 호밀, 밀, 딘켈밀, 보리를 재배했고, 여름과 봄작물로는 무엇보다 귀리 그리고 콩과작물을 심었다. 어쨌든 대부분의 자료에 의하면 일 년 중 연초의 작물을 겨울작물보다 훨씬 적게 재배했다. 이에 따라 단지 삼포제는 3년에 한 번씩 땅을 돌아가면서 경작하는 것이 아니라 땅을 삼등분하여 일 년에 두 부분은 여름과 겨울로 나누어 재배하고 나머지 3분의 1의 땅은 휴경지로 두었음을 알 수 있다. 이와 같은 사실은 카롤링거 시대 대부분의 자료에서 볼 수 없다. 삼포제를 증명할 만한 제도는 생타망(Saint-Amand) 수도원 직영지에서 잘 나타난다. 763년의 장크트갈렌 수도원 문서에 따르면 한 농부가 지주 직영지 농장에서 겨울용 농지, 여름용 농지, 휴경지에 각각 세 차례 쟁기질해야만 했다. 이는 삼포제를 시행하고 있었다는 증거다. 869년으로 추정되는 생모르데포세(Saint-Maur-des-Fossés)의 토지대장에서도 위와 같은 세 가지 부역 노동이 확인된다. 제시된 증거들은 지주 직영지에 관한 것들이다. 카롤링거 시대의 경작 제도에서 진정 혁명다운 혁신은 크게 구획 지어진 지주 직영지에서 처음으로 발생했음을 의미한다. 그와 반대로 예속농지에서 삼포제 농업은 거의 실현하지 못했다.

이러한 경작 시스템의 장점은 파종과 휴경을 반복하는 이포제 농업보다 경작지가 넓어졌다는 점이다. 이포제가 매년 경작지의 반만 경작하던 것에 비교해 삼포제는 경작지의 3분의 2를 매년 경작할 수 있었기 때문이다. 이렇게 토지를 집중적으로 사용하기 위해서는 토지의 비옥도가 따라주어야 했다. 토지의 비옥도는 무엇보다 거름 때문에 가능해졌던 것으로 보이는데 이에 대한 자료는 존재하지 않는다. 어느 곳에서든 목축했지만 그리 큰 규모가 아니었기에 거름이 부족했음을 짐작할 수 있다.

토지의 비옥도를 높이는 중요한 방법은 쟁기질을 되풀이하는 것이다. 파리분지의 가장 발전한 농업 지역에서는 일 년에 세 번

쟁기질했다. 두 번은 겨울 파종 전에 하고, 한 번은 봄 파종 전에 했다. 모든 쟁기질에 사용한 쟁기는 기술적으로 보아서 가장 간단한 나무쟁기인 아라트룸(aratrum)이었는데, 그것의 끄는 부분에 바퀴가 달려 사료에서 마차를 뜻하는 카루카(carruca)로 불리곤 했지만, 기술적 의미에서 비대칭적 이랑쟁기는 아니었다. 가장 오래된 이랑쟁기의 보습은 8세기에 보헤미아와 폴란드에서 발굴되었다. 이랑쟁기의 보습은 9세기와 10세기에 라인란트와 사부아에서도 발견되었다.

굳은 땅속 깊이 쟁기질하여 흙을 뒤집어 이랑을 만드는 비대칭 보습은 루아르강과 라인강 사이 지역에서 카롤링거 시대 이후에는 광범하게 사용했지만, 카롤링거 시대에 사용한 증거를 찾을 수는 없다. 그러나 농지에서 시행한 발굴 조사를 근거로 이곳에서 이랑쟁기를 사용했음을 추측하기도 한다. 나무쟁기로는 단지 땅을 갈라놓을 수밖에 없었다. 그래서 때때로 손으로 삽을 이용해 이랑을 만들어야 했다.

이포제가 혹은 땅을 더 오래 놀리는 다른 농법들이 지배적이고, 거름이 부족한 상태에서 경작지는 넓었고 노동력은 많이 필요했다. 그와 함께 생산력은 매우 낮았다.

## 채소 재배

채소 재배는 식생활에 중요한 역할을 했다. 빵과 죽 외에 콩도 매우 중요한 식량원이었다. 농부들은 완두콩, 불콩, 이집트콩, 잠두의 일종인 빅켄(wicken), 사우보넨(saubohnen), 페르데보넨(pferdebohnen) 등을 그들 소유의 텃밭에서 재배했다. 어떤 지역에서는 콩을 농지에 심기도 했다. 채소밭에는 약초, 향신료 식물, 샐러드용 채소 외에도 파, 마늘, 양파, 당근 같은 뿌리식물도 심었다. 795년 카롤루스 대제의 농장칙령은 왕령지의 채소밭에서 가꾸어야 할 73개의 다양한 채소와 약초식물을 거론한다. 그러나 현실적으로는 아나프에 있는 왕령지 채소밭의 경우 실제로 26종의 채소를 재배했다. 수도원의 밭에도 많은 것들을 길렀다. 아주 이론적이고 이상적인 장크트갈렌 수도원의 설계도는 밭을 채소밭, 약초밭, 과일밭으로 삼분하여 표시하고 있다.

## 포도 재배

포도 재배는 기원후 1세기에 남쪽 크레타에서 북쪽 영국까지, 서쪽 포르투갈에서 동쪽 폴란드까지 로마 제국 전역에 퍼졌다. 상업적 목적으로 하는 포도 생산 면적도 부르군트와 같은 특정 지역에서는 확장되었다. 베다 베네라빌리스는 벌써 8세기에 영국의 산비탈 포도밭에 대해 적고 있고, 9세기 앨프리드 대왕(Alfred the Great)의 법령에는 포도 재배에 관한 기록이 있다. 중유럽과 동유럽 일부에서는 9세기에 최초로 포도나무를 심었다. 이렇게 포도 재배가 널리 퍼져간 것은 비록 적은 양이지만 포도주를 성찬용으로 사용했던 교회의 역할이 크다.

포도 재배 마을 수는 7~9세기 풀다 수도원 지역에서 40곳에서 거의 400곳으로 늘었다. 생제르맹데프레 수도원은 센강과 마른강 지역에 거의 400헥타르에 달하는 포도밭이 있었다. 그중에 절반에 못 미치는 포도원은 직접 관리했고, 그보다 더 많은 부분은 소작을 주어 포도를 소작료로 받았다. 전체적으로 보아 이 수도원은 일 년에 60만 리터 이상의 포도주를 예배용, 자체 소비용, 판매용으로 소유했다. 농민들에게는 거의 70만 리터의 포도주를 자가소비와 판매용으로 주었다. 많은 주교가 그들의 관저를 유명한 포도산지 근처로 옮겼다. 랑그르의 주교는 디종으로, 통그르(Tongres)의 주교는 리에주로, 생캉탱의 주교는 누아용(Noyon)으로 옮겼다. 마인츠 대주교 지그프리트는 뤼데스하임(Rüdesheim)

언덕에서 밀을 경작하는 농민들에게 포도를 심을 것을 강요했다. 816년 아헨의 공의회는 모든 성당에 사제 교육소를 개설했는데 이곳에서 포도를 심고 가꾸는 수업도 하도록 했다.

## 사냥, 어업, 목축업

새로운 발굴을 통해 농민들이 사냥으로 고기를 먹은 양이 적었고, 물고기도 별로 먹지 않았음이 밝혀졌다. 생드니 수도원 구역의 빌리에르섹(Villiers-le-Sec) 마을에서 나온 7~11세기의 야생동물 뼈는 전체 동물 뼈의 1.4퍼센트에 지나지 않았음이 발굴로 잘 밝혀졌다. 북동프랑스의 브레비에르(Brebières) 마을에서는 가축의 뼈가 96퍼센트였고, 야생동물 뼈는 3.9퍼센트에 불과했다. 문헌자료에서 농부들이 사냥한 동물에 대해 조세를 냈다는 기록은 찾아보기 어렵다. 중세 초기에 사냥은 식량원으로서는 의미가 없었다. 단지 최고 부유층들이 더 많은 야생동물 고기를 먹었다.

소는 갈로-로만 시대보다도 작았다. 등까지의 키는 115센티미터, 몸무게는 270킬로그램 정도였다. 말도 작았는데 교회가 말고기 소비를 거부했음에도 사람들은 말고기를 먹었다. 말은 앞

등 높이가 대략 140센티미터였다. 빌리에르섹에서는 가축 뼈 중 쇠뼈가 압도적으로 많았는데, 그 비율은 7~11세기에 늘어났다. 7~8세기에 두 번째로 많이 발견된 뼈는 돼지 뼈였다. 그러나 그 비율은 시간과 더불어 점점 양과 염소의 수준으로 줄었다. 양과 염소의 비율은 전체 기간 비슷하게 머물렀다.

요리법 책은 도축 연령을 알려준다. 소는 3분의 1을 15~18개월 사이에 도축했고, 3분의 2는 약 열 살에 도축했다. 이를 통해 소를 주로 노동, 우유 체취 목적으로 사육했고, 식용은 이차 목적이었음을 알 수 있다. 돼지의 대부분, 약 75퍼센트를 6개월에서 일 년 반 사이에 도축했다. 번식을 위한 가축은 수태 능력이 없어지면 도축했다. 양과 염소의 절반을 반년에서 일 년 반 사이에 도축했다. 그 외의 동물들은 여섯 살까지 길렀다. 양의 절반은 고기를 위해 길렀고, 다른 절반은 양털과 양젖 생산을 위해 길렀다.

가금류의 뼈는 약 10퍼센트가 나왔는데, 단백질 공급뿐 아니라 달걀 제공이 중요했다. 빌리에르섹 마을도 속했던 생드니 수도원 지역의 여러 다른 마을 농민들은 카롤루스 대머리왕의 훈령에 따라 성탄절, 부활절, 생드니의 성인인 디오니소스 축제 때마다 달걀 1100개를 바쳐야 했다. 프륌(Prüm) 수도원의 893년 재산목록에 따르면 이 수도원은 200 농가를 거느리고 있었고 그곳에서 매년 달걀 2만 개를 생산했다. 이렇게 볼 때 큰 수도원에서 달걀 소비는 매우 중요하게 취급했던 것 같다.

## 여러 계층의 농민

프랑크 왕국 시대에도 노예는 법적 신분 서열에서 가장 아래였다. 프랑크족의 정복과 약탈 전쟁은 전쟁 포로를 노예로 삼으면서 노예제가 도약하는 계기가 되었다. 노예 공급을 위해 중요했던 전쟁은 무엇보다 748년 이후 동진하면서 마주친 작센족, 슬라브족과의 전쟁이었다. 동쪽 국경 지역에서는 노예를 사적으로 사냥하기도 했다. 노예를 뜻하는 스클라베(sklave)가 슬라브족을 뜻하는 슬라베(slawe)와 어원학적으로 상관성을 갖는 점은 노예 포획 지역이 어디였는지를 말해준다. 러시아 노예상들은 더 먼 동쪽 지역에서 노예를 데려와서 서쪽에서 거래했다. 이러한 약탈 전쟁과 자연적인 번식 외에도 가난으로 자신의 자식을 노예로 팔거나, 범죄나 빚으로 노예가 되는 경우도 있었다.

7세기 이후로 중요성이 감소하기는 했지만 카롤링거 왕조의 경제에서 노예는 여전히 중요한 요소였다. 메로빙거 왕조 시대에는 노예 집단수용소가 존재하지 않았을지라도, 노예 노동은 이미 크고 작은 농업 경영의 근본을 이루었다. 소농도 최소한 개인 노예를 가지고 있었다. 800년경에 한 자유민이 단 한 명의 개인 노예도 가지고 있지 않았다면 이는 매우 가난하다는 증거였다. 프륌 수도원의 893년 재산목록을 보면 9세기 말에 농민이 일을 시키는 노예를 거느리고 있었다. 농민은 수도원에 빚진 자신의 부역을 노예가 대신하게도 했다. 귀족 저택에도 적은 수일지라도 노동력 제공자로서 노예가 있었다. 늦어도 7세기부터 노예는 그들 주인에 의해 농업에 투여되었다. 이런 노예를 세르비 카사티(servi casati), 혹은 세르비 만수아리(servi mansuarii)라 불렀는데 문자 그대로 '거처가 있는 노예'라는 뜻이다. 이들은 그들의 주인에게 노예 노동(opus servile)을 할 책무를 졌는데, 그것은 주인의 직영지에서의 부역을 의미했다.

노예 정주의 원인으로는 직영지의 저생산성, 노예 부족, 비싼 노예 가격, 도망친 노예로 인한 손실 등을 들 수 있다. 그러나 좀더 중요한 이유는 다른 곳에서 찾을 수 있다. 점점 더 많아지는 곡물 경작에 따른 많은 노동력의 필요성이 그것이다. 수확기와 같은 특별한 시기에 필요한 노동력을 한 번도 최대로 이용하지 못하고 일 년 내내 유지함으로써 항시 더 적은 이윤을 얻었다. 독립적인 농가에 정주한 노예는 다음과 같은 문제를 해결했다. 정주 노예는 그들의 가족을 스스로 일 년 내내 먹여 살렸고, 출산을 통해 새로운 노예를 만들었으며, 이제 그들에게 주어진 농장의 수확에 더 관심을 가졌다. 이들은 이런 수확을 통해 스스로 연명하고 주인에게 공물을 바쳤다. 결국 그들은 주인이 언제나 이용할 수 있는 노동 예비군이었다. 매주 3일 규칙적으로 부역을 해야 했던 것이 아니라 농번기에 주인의 직영지에서 더 많은 노역을 해야 했다. 이 같은 노예의 정주는 노예제에서 예속농제(Leibeigenschaft)로 가는 중요한 과정이었다.

언제 세르비가 노예 신분이 아니라 예속 신분으로 변했는지에 대해서는 아직 통일된 의견이 제시되지 않고 있다. 프랑크 왕국 시대에 이미 노예의 실상이 변했다는 것은 오늘날 다수 의견이 아니다. 노예는 법적으로 고대 말기와 비교해서 전혀 약화하지 않은 주인의 권한하에 있었다. 노예는 가축처럼 팔고, 교환하고, 선물할 수 있었다. 주인은 그들을 임의로 벌할 수 있었고, 그들의 부부 관계를 끝낼 수도, 자식을 팔 수도 있었다. 주인은 그들의 노동력과 재산을 소유할 수 있었다. 노예는 법적 인격이 없었고, 군에 징집되지 않았고, 재판장에 설 수 없었다. 노예는 법원에 직접 고소할 수 없었고, 그들 주인이 법정에 인도하지 않는 한 법적 판결을 받을 수도 없었다. 10세기 말에야 비로소 법적 권리가 없던 노예가 예속민으로 바뀌었다. 이런 변화의 특징은 다음과 같다.

- 법적으로 이해할 수 있는 불법행위에 대한 책임은 항목별로 인정되었다.
- 주인에 대해서 더 이상 무조건적 복종이 아니라 신뢰도 요구되었다.
- 살해된 노예에 대한 보상은 자유민과 마찬가지로 배상금(wergeld)을 지급한다. 이 배상금은 주인이 모두 가지지 않고 일부를 죽은 자의 가족에게도 주었다.
- 주인이 이유 없이 노예를 죽이는 것을 금지했다.
- 노예도 법적으로 결혼하고 자산을 가질 수 있는 권리를 주었다.

예전에는 누구나 교회가 노예제 폐지에 기여했다는 가설을 지지했지만, 오늘날에는 이 또한 전폭적 지지를 받지 못한다. 대토지를 보유한 교회는 노예 노동력의 주요 수혜자였다. 그래서 톨레도의 주교 엘리판두스(Elipandus)는 카롤루스 대제의 고문이었던 알퀸(Alkuin) 수도원장이 노예 2만 명을 거느리고 있음을 질

책했다. 이는 알퀸의 4개의 수도원인 페리에, 투르의 성 마탱(St-Martin), 트루아의 성 루(Saint-Loup), 성 조스(Saint-Josse) 수도원의 토지에 있는 노예들을 말했다. 브레시아의 산타줄리아 수도원은 그의 건물과 토지에서 일하는 노예만도 740명이었다. 이와 같은 사실은 당시의 지배적 질서를 상상하게 한다. 693년 톨레도에서 열린 16차 공의회에서는 교구교회가 목사관 노예를 포함해서 10명 이하의 노예를 두도록 했다. 카롤링거 법령은 교구교회가 교회와 토지에서 일하는 노예를 네 명 이상 가질 수 있게 했다.

결론적으로 7세기에서 9세기까지 노예제도의 의미는 농업을 위해 여전히 근본적이었다고 보아야 할 것이다. 그러나 이 시기에 노예제가 점차 약화했던 많은 징후가 있다. 물론 규범적인 법령집에는 노예의 사회적 지위의 변화는 없지만, 노예의 실제 사회적, 경제적 지위는 좋아졌을 것이다. 무엇보다 세르비 카사티의 지위가 변했다.

9세기에 큰 교회의 토지대장에는 로마 말기의 예속농(coloni)이 다시 등장한다. 6세기까지의 사료에 등장했던 고대 말의 예속농이 다시 등장한 것이다. 9세기의 예속농은 법적 신분에 있어서, 특히 개인적인 자유를 지니지만 토지에 예속된 신분이라는 점에서 5세기나 6세기의 예속농과 비슷했다. 그러나 이것이 진정 고대의 연속을 의미하는지, 아니면 비슷하지만 새로운 것인지는 연구자들의 논의가 계속되고 있다.

카롤루스 대제 시대에 이미 소자유민 집단의 부담이 감당하기 어려웠던 것으로 보인다. 부자와 힘 있는 자들은 그들의 사적 이익을 위해 이들을 착취했다. 802년 왕의 사신(missi dominici)을 위한 훈령에는 다음과 같이 적혀 있다. "가난한 자유민은 핍박당하는데, 주인이 지시한 일을 해야 하고, 관리들에게 핍박당한다." 811년의 궁중회의에서 카롤루스 대제가 왜 농민들이 군역을 피하는지를 설명했다. 이에 따르면 당시 상황은 다음과 같다. 만약 농민이 주교, 수도원장, 백작, 재판관, 고위 및 하위 관리가 요구하는 자산을 넘기지 않으면, 이들 권력자는 농민을 결국에는 다시 적으로 몰아세웠고, 농민은 자신의 의사와는 상관없이 재산을 권력자들에게 넘기거나 팔고 빈털터리가 되었다. 그러나 자신의 자산을 미리 그들에게 바친 농민은 정주할 수 있었다. 왕 포고령에는 심지어 군역을 피하고자 종이 되려던 자유민이 있었다는 사실이 적혀 있다.

다른 자유민들은 자발적으로 그들 자신과 자신들의 소유지를 교회에 바치기도 했다. 그들은 교회에 자신의 자산을 양도하고 그것을 교회로부터 다시 빌려 경작했다. 이런 교환의 규모와 사회사적 중요성에 대해서 많은 논란이 있다. 이 과정에서 소자유농이 작은 자산과 함께 사라졌다는 예전의 이른바 우울한 주제에 반하는 새로운 연구는 고증을 통해 이런 상황이 비교적 드물었음을 강조한다.

자신의 토지와 재산을 잃고 대지주의 소작농이 된 농부와 지주의 관계는 처음에는 단지 경제적 관계였다. 그러나 지주에 예속된 자유민은 동일 지주의 비자유 소작농과 같은 처지로 떨어질 위험에 봉착한다. 사실 9세기에 이 같은 농민 신분의 동일화 경향이 확인된다. 생제르맹데프레 수도원의 이르미노 수도원장의 재산목록은 모든 예속민을 "생제르맹의 사람들(homines sancti Germani)"로 동일시하고 있다. 이 사실은 지주제하에 포섭되었던 사람들이 나중에 '지주의 사람들(homines de potestate)'로 변해가는 과정을 앞서서 보여주고 있다. 부유한 수도원들은 그들의 우월한 위치를 이용하여 자유민들의 경제적 종속을 강화했다. 그리고 비자유민에게만 주어진 부역의 의무를 소작의 조건으로 부여하여 그들을 비자유민으로 만들어갔다. 이를 통해 자유농은 스스로 공적인 재판을 받을 권리를 잃고, 그들 지주의 재판권 밑에 놓이게 되었다.

## 농업경제 호황의 징후

고전 지주제의 형성을 위해 작용한 내적 질서의 의미는 이미 언급했다. 라인강 왼쪽 지역 아이펠과 아르덴산맥, 그리고 플랑드르는 이미 7세기에 급격하게 개간을 시작했다. 7세기 이후로는 오덴발트(Odenwald), 헤센, 프랑켄(Franken) 지방이 뒤이어 개간을 시작했다. 바이에른과 작센도 일찍 개간되었다. 같은 시기에 영국의 중부 지역도 굳은 땅에 쟁기질을 시작했다. 남프랑스에서는 이슬람을 피해서 에스파냐에서 온 난민들의 정주가 개간지를 만들었다. 여기서 9세기에 숲은 급격하게 줄었고, 곡물들의 꽃가루로 알 수 있듯이 경작지는 넓어졌다.

카탈루냐에서 780년 이래로 시작했던 개간은 820년부터 활기차게 진행되었다. 농민은 그들의 가족과 함께 혹은 집단으로 풀을 뽑고 쟁기질을 했다. 누군가가 공유지를 개간하여 그 땅을 30년간 경작하면 자신의 소유가 되었다. 배고픔을 해결하기 위한 농민과 자유를 얻기 위해 도망친 노예들은 대단히 많았고 자신의 자산을 얻기 위해 어려운 개간 작업을 해갔다. 이탈리아에서 보비오 수도원의 862년과 883년의 두 재산목록을 비교하면 이 짧은 시간 동안 숲과 목초지로 이용하던 땅이 50개의 작은 농민 토지로 바뀐 것을 알 수 있다.

인구 증가는 9세기 카롤링거 왕조의 토지대장들의 분석을 통해 산출할 수 있다. 프랑스, 북이탈리아, 독일의 라인 지역에서 확인되는 예속농지의 초과 점유와 분할도 인구 증가를 짐작하게 한다. 몇몇 가족은 한 농장을 갖고, 다른 가족은 단지 농장의 일부, 예를 들어 4분의 1후페의 땅을 보유했다. 그러므로 인구 증가는 부분적으로 기존 구조 내에서 이루어졌다. 조세의 금납화가 널리 확장되면서 시장이 발전했다. 단지 지주만이 과잉생산물을 시장에 팔아서 시장을 활성화한 것이 아니라 농민도 그들의 생산물을 시장에 팔아서 돈으로 세금을 냈다. 이런 과정을 통해 자연경제가 화폐경제로 변해갔다.

## 기술

11세기에 호황이 확산하는 데 결정적 역할을 한 많은 기술적 성취는 이미 카롤링거 시대 때부터 있었다. 이랑쟁기를 사용했고, 생산성을 높이기 위해 곡물을 돌아가며 경작하다가 삼포제 농법을 개발했고, 굴레와 편자 등 마구를 개발했다. 물레방아는 적지 않은 투자를 해야 했지만 확실한 수확을 기대할 수 있었기 때문에 크게 발전했다. 780년 생방드릴(Saint-Wandrille) 수도원의 영지에는 물레방아가 67개 있었다.

생제르맹데프레 수도원의 이르미노 수도원장의 재산목록에는 물레방아가 84개 적혀 있는데, 몇 개는 이전부터 있던 것이고, 몇 개는 수리한 적이 있으나, 대부분은 이르미노가 직접 건립한 것이었다. 곡물 제분을 하는 소작농의 수많은 부역 의무가 보여주듯이 물레방아는 수요를 맞추지 못했다. 많은 농민이나 그들의 아내는 자신들의 곡물을 디딜방아로 찧었다. 교회기관은 물레방아를 직접 만들었지만, 신자의 기부를 통해서 만들기도 했다. 간단한 물레방아는 카탈루냐 지방의 사례가 보여주듯이 농민의 공동 작업으로 만들었다. 8세기 이후 모든 올리브 농원에 착유기가 있었고, 포도 산지에는 포도 압착기가 있었다.

## 수공업

연장, 도기와 유리, 목공예품, 직물, 가죽, 심지어 금속기구와 무기까지도 지주 영지 내의 농촌에서 제작했다. 코르비(Corbie),

생리키어(Sant-Riquier), 산빈센초 알 볼투르노(San Vincenzo al Voturno) 등 수도원이 있는 큰 지역에는 수공업자 구역이 있었다. 무르바흐(Murbach)에서는 수공업자 816명이 수도원 담장 안으로 이주했다. 지주의 직물공장에는 20명 이상의 여성이 일했다. 수공업은 하이타부(Haithabu)와 같은 거래 중심지에 정주했다.

7세기 이후부터 시장에 팔기 위한 특수 수공업이 다시 발전하기 시작했다. 발굴된 도자기 물건은 지역을 넘어선 여러 생산지의 존재를 증명해준다. 쾰른 근처의 브륄에크도르프(Brühl-Eckdorf)와 아이펠의 도자기 구역에 있는 대규모 공장에서 생산했던 이른바 바도르프(Badorf) 도자기는 라인 전 지역은 물론 도레스타드(Dorestad)에서까지 거래되었다. 무엇보다 내용물을 담아 포장하기 위한 큰 양 손잡이 단지인 암포라를 거래했다. 바도르프에서 생산한 사치품들은 북부 독일의 해안 지역까지 퍼졌다. 9세기에 프리슬란트와 플랑드르의 북쪽 해안 지역에서 생산한 조개껍데기를 사용한 도자기가 대량으로 거래되었다. 슬라브 지역에서 생산한 질 좋은 도자기는 엘베강과 잘레강의 건너편 동쪽에서 지역적 수요를 위해 생산했다. 북쪽에서 알려진 도자기는 유틀란트에서 생산했다. 이 도자기는 800년 이후로는 덴마크가 다스리는 하이타부에서 슬라브산과 함께 거래되었다.

## 광업, 연금술, 화폐

로마 시대와 중세의 광업은 서로 연관성을 발견하기 어렵다. 예를 들어 페르슈(Perche)의 광업은 고대 말기에 확인되는데, 지주제 경제에 편입되었다. 오른(Orne)의 부아시(Boissy) 마을의 노예(세르비 카사티)는 생제르맹데프레 수도원에 늘 100파운드의 철을 바쳐야 했는데, 전체 양이 일 년에 800킬로그램에 달했다. 통을 묶는 테, 도끼, 낫, 큰 낫, 쟁기 보습, 쟁기 날, 난로의 장작 받침대, 솥, 창끝 등 철제 제품을 여러 수도원에 공물로 바쳤다. 금속 수공업은 수도원 구역 마을들에서 행해졌는데, 농사를 지으면서 부업으로 했는지, 아니면 수공업으로 특화되었는지는 판단하기 어렵다. 고고학자들에 따르면 철 공구는 부족하지 않았다.

귀금속 광산은 고대의 연속성을 찾아보기 어렵다. 7세기에 메로빙거 왕조는 금 부족으로 금화에서 은화로 화폐를 변환하는 경제혁명에 착수했다. 벌써 680년경에 은화가 더 많아졌다. 이는 작은 거래에도 적용되어 하층민의 손에까지 도달했다. 이는 재산목록에서 농민의 지대 금납화가 뚜렷하게 증가했던 사실에서 알 수 있다. 주조된 동전의 양이 중요했다. 메로빙거 시대에는 동전 주조소가 거의 800곳이나 있었다. 은은 프와투(Poitou)의 멜레(Melle) 광산에서 생산했다.

카롤루스 대제는 794년과 801년 중세 시대에 가장 의미 있는 화폐개혁을 추진했다. 그 내용은 다음과 같다. 은화 1파운드〔=리브라(libra)〕는 대략 408그램이고 240페니(=데나리온)였다. 1페니는 대략 평균적으로 1.7그램. 여기서 파운드는 무게 단위였다. 그러나 뒤에 화폐 단위가 되었다. 파운드는 화폐로 주조한 것이 아니라 단순히 240페니를 의미했다. 실링〔=솔리두스(solidus)〕도 이와 비슷했는데 실링은 처음에 단순히 12페니의 화폐를 의미했으나 나중에 중세 전반에 걸쳐 유럽의 많은 지역에서 사용했고, 결국 동전체제의 근간이 되었다. 1파운드는 20실링이고 1실링은 12페니였다. 작은 액수의 페니를 주로 주조하여 사용했다. 그래서 큰돈은 은괴나 은덩이로 지불했다.

카롤루스 대제는 부피와 무게의 측량 단위를 통일해 질서를 찾으려고 했다. 792/793년의 대흉년을 지나 794년에 공식적 곡물 계량 단위인 셰펠을 새롭게 정했다. 이렇게 측정 단위를 통일한 것은 모두가 같은 기준으로 부피와 무게를 적용하여 사용하게 하기 위함이었다.

## 상업

왕, 교회, 수도원은 토지 지배에 있어서 가장 포괄적 자급 경제의 이상을 지향했다. 수도원은 이윤 극대화를 추구하지 않았고, 수도사와 식솔들의 생계를 챙겼다. 이는 코르비 수도원 아달하르트(Adalhard) 수도원장의 훈령이 잘 보여주고 있다. 그러나 수도원은 사치품을 포함한 많은 물품을 시장에서 사야만 했다. 이를 위한 자금은 간단한 상품 유통의 형태인 잉여생산물의 판매와 농민이 바친 공물로 충당했다. 특히 멀리 떨어진 곳에서 생산해 화물로 운송해야 할 제품을 운송하지 않기 위해 혹은 운송 거리를 줄이기 위해 그곳에서 판매했다. 수도원은 왕이 부여한 수많은 공물이나 관세에 대한 면책, 그러한 공물의 사유화와 시장 설치권 등을 통해 점점 더 상업과 친밀해졌다. 수도원은 수로용 배와 육로용 수레를 소유했다. 그리고 농민들의 운송에 대한 부역 의무를 이용했다. 생제르맹데프레 수도원은 이와 같은 방식으로 앙제(Angers)산 포도주를 생드니 시장으로 보냈다. 농민들도 판매를 위해 생산을 했지만 단지 생존을 위한 것이었다. 특히 경제적으로 지주에게 묶여 있는 예속농들은 지주의 이익을 위해서도 가치를 증대해야만 했다. 금납화와 스스로 생산하지 못하는 물건을 사야 하는 사정은 시장을 활성화했다. 왜냐하면 시장에서 농산물을 팔아야 돈이 생겼기 때문이다. 이러한 교환은 전문적인 상인의 중개 없이 생산자끼리 직접 이루어졌다.

7세기부터는 북부와 북서쪽으로의 원격지 무역의 중심이 옮아갔다. 루아르강의 남쪽 지역은 오랫동안 의미를 잃고 있었다. 카롤링거 왕조에서 경제적 핵심 지역은 아우스트라지엔(Austrasien)이었다. 프리슬란트와 후에 작센의 왕국 편입도 이러한 경향을 부추겼다. 라인강과 루아르강 사이의 대지주의 곡물과 포도주 판매를 위한 시장이 북쪽과 동쪽에 생겼다. 무엇보다 포도주 거래는 잘 발전했다. 아마 8세기에 생긴 생드니 시장에서 영국과 프리슬란트 상인들은 수도원에서 생산해 시장으로 나온 포도주를 샀을 것이다.

메로빙거 왕조 시대의 원격지 무역에서 시리아인과 유대인의 역할은 얼마 전까지도 많이 과장되었다. 이들은 이미 고대 말기부터 아프리카와 오리엔트와 무역을 하는 항구도시 아를, 마르세유, 나르본에 정주하고 있었다. 610년 이후의 사료에서는 그간 이미 동화된 시리아인이나 오리엔트 기독교인의 존재는 찾아볼 수 없다. 유대인 공동체는 5세기와 7세기 사이에 부르주, 클레르몽, 오를레앙, 그리고 아마 위제스(Uzès) 등 모두 남쪽에 있었다. 유대인이 자신들의 물건을 왕국 내로 깊숙이 가져오는 것은 드물게 허락되었다. 수도원들은 물건을 사기 위해 자체 상인을 보냈다. 생드니 수도원의 상인은 예를 들어 마르세유, 이탈리아, 독일까지 갔다.

유럽의 원격지 무역으로 많은 무역 중심지가 만들어졌다. 7세기에서 9세기의 프리슬란트에서 중요한 상업 도시는 라인강 하류의 도레스타드 항구였다. 중요한 거래 물건은 이곳에서도 포도주였다. 무역로는 도레스타드에서 북쪽으로는 마인츠를 지나 라인강 상류로 향했고, 서쪽으로는 오늘날 프랑스 지역의 가장 중요한 상업 거점인 캉토빅(Quentovic)으로, 그리고 해협을 건너 런던과 요크에 있는 영국의 중요한 상업 거점으로, 바텐메어(Wattenmeer)를 거쳐 발트해, 스칸디나비아, 북해 무역의 중심지였던 덴마크의 하이타부로, 계속해서 철광산에서 캔 철과 가죽, 호박 등을 특히 아랍 지역까지 수출했던 스웨덴의 비르카(Birka)로, 그리고 노르웨이의 카우팡(Kaupang)까지 연결되었다.

아프리카와 아시아로 가는 유럽의 무역 물품은 그리 많지 않았다. 지중해 근처의 이슬람 국가들 특히 에스파냐반도의 코르도바 태수는 유럽 노예를 사는 고객이었다. 10세기에 코르도바에서만 스칼리바(skaliba, 슬라브계 노예) 1만 4000명을 거래했다. 바스라의 알자히즈(Al-Jahiz)의 동물에 관한 책에 의하면 거세된 슬라브계 남자 노예들은 9세기 바그다드에도 수없이 많았다. 902/906년 바이에른의 라펠슈테텐(Raffelstetten)에 징수된 관세 기록부에 의하면 왕국의 동쪽에서 서쪽으로 가는 길에서 노예는 중요한 상품으로 거래되었다. 10세기 중엽 아랍인 이븐 하우칼(Ibn Haukal)의 보고에 의하면 프랑크 왕국에서 이슬람의 에스파냐로 수입한 노예들은 거기에서 콘스탄티노플, 트라브존, 바그다드를 거쳐 아프가니스탄의 힌두쿠시까지 팔려나갔다.

카롤링거 시대의 지배자들은 노예 거래를 여러 형태로 보장해 주었다. 그러나 세례받은 기독교인이 이교도에게 노예로 팔리는 일은 막으려 했다. 이런 입장은 840년 로타르 1세가 베네치아와 맺은 계약서에서 확인된다. 이에 따르면 베네치아는 로타르 왕국의 기독교인 노예가 이슬람 지역으로 가는 것을 허용하지 않았다. 이 계약서는 이후 880년에 카를 3세와 888년에 베렌가 1세에 의해서 재인준되었다.

9세기, 특히 10세기에 동유럽에서 은으로 된 재화 중 아랍 동전의 비중이 큰 것은 상당히 큰 규모의 노예 판매에서 기인한다. 노예 수송을 위한 철로 된 족쇄가 집중적으로 발견된 곳을 통해서도 동유럽에서 비잔틴을 거쳐 오리엔트로 직접 가는 무역로가 있었음을 알 수 있다. 이 무역로는 9세기부터 10세기의 서유럽에서 시작하는 무역로보다 더 활성화돼 있었다. 북-남 노예 거래는 루스(Rus)에서 흑해까지 강을 통한 무역로를 통해 이루어졌다. 헝가리는 슬라브 노예를 비잔틴에 팔았고 그것으로 비단과 양모를 교환했다. 935년 프라하에 온 노예를 사고파는 상인들에 대한 이브라힘 이븐 야쿠브(Ibrahim Ibn Jakub)의 기록은 크라쿠프에서 루스 지역까지의 연결망이 있었음을 보여준다.

많은 사료가 대규모 노예 거래가 동슬라브 지역에서 비잔틴을 거쳐 아랍 국가에까지 행해졌다는 것을 보여준다. 이슬람 국가들의 금과 은을 얻기 위한 노예 수출은 사치품 수입을 가능하게 했다.

# 3

# 중세 중기

## 경기 하락과 10~13세기의 새로운 경제성장

### 10세기의 경제 위기

서프랑크 지역에서 왕권은 무너졌다. 왕령지는 카롤루스 대제가 죽은 814년 이후 급격하게 좁아졌다. 880년경에 이미 거의 사라졌다. 왕권이 그들에게 아무것도 가져다주지 않자 카롤링거 왕국의 제후들은 왕권 강화에 더 이상 신경 쓰지 않았다. 작은 영방 통치자들이 세습 체계를 갖추고 이전에 왕으로부터 위임받은 화폐 주조권이나 관세 징수권을, 10세기 중반부터는 봉토에 대한 권리마저도 사유화했다. 그러나 이 통치자들은 오랫동안 부를 유지해온 지주와 성주에 반하는 주장을 할 수 없었다.

## 바이킹·노르만·사라센·훈족

프랑크 왕국의 몰락은 바이킹, 노르만, 사라센, 헝가리의 침입으로 빨라졌다. 노르만족은 카롤루스 대제가 살아 있던 799년에 프랑스 해안에 나타났다. 사라센은 남프랑스와 이탈리아를 위협했는데 특히 지중해의 선박 항해를 위협했다. 그들은 프로방스의 해안 프락시네툼〔Fraxinetum, 오늘날 가르드 프레네(Garde Freinet)〕에 그들의 영구적 기반까지 만들었다. 9세기 말에는 헝가리의 번개 같은 약탈이 있었다. 노르만과 사라센은 프랑크족을 노예로 전락시키고 금과 은을 약탈했다. 그들은 농촌과 외따로 떨어진 수도원을 약탈했다. 이는 경제적으로 수도원에 갇혀 있던 보화를 풀리게 했고 이로써 경제는 다시 순환했다. 대개 농민들은 이러한 약탈에 방치되었다. 이들이 위협받는 지역을 떠나자 지주제의 구조가 무너지기 시작했다. 864년에 카롤루스 대머리왕은 이런 일이 발생한 지역의 농민들이 최소한 파종기와 추수기에는 자신의 거주지에 돌아오라고 명령했다. 이러한 난민 행렬과 토지의 황폐화로 지주제하의 농민 부담이 줄어들 수밖에 없었다.

바이킹의 영국 지역 약탈은 900년경에 이미 줄어들었지만, 공물은 계속 거둬들였다. 새로운 연구에 의하면 9세기에 바이킹은 영국의 왕에게 은 수만 파운드를 요구했고, 991~1018년에는 20만 6000파운드를 요구했다. 그러나 이러한 보석 중 적어도 어느 정도는 경제적으로 순환했다. 노르만은 930년에 루아르강 북쪽에 대한 침입을 멈추고 노르망디와 영국에 정주했다. 헝가리의 위협은 955년 레히펠트 전투에서 오토 1세가 승리하면서 사라졌다. 미디에 있던 사라센은 972년 그들의 본거지인 가르드 프레네에서 쫓겨났다. 서유럽은 도시 성벽과 방어용 다리를 건설하고 성들로 촘촘한 연결망을 만들어 방어력을 현저하게 높였다. 이러한 비교적 조용한 시간은 우선 작은 경제성장을 쉽게 했다.

## 성과 자치권

10세기부터 등장한 성 간의 촘촘한 연결망은 특히 프랑스에서 통치권이나 성주제 형성의 기초가 되었다. 외부에서의 위협이 아니라 권력자들 사이의 내부 권력투쟁이나 작은 전쟁으로 성들을 지었다. 성안에는 성주의 명령 아래 직업군인 부대가 주둔했다. 많은 성주가 원래 상위자로부터 위임받은 권력을 독립적으로 사용할 수 있었다. 이에 따라 작은 규모의 정치조직이 생겼고, 그것은 12세기 중반까지 경제적 측면까지 갖춘 정치적 공간이 되었다.

성주는 무장한 주둔군과 함께 외부의 공격을 방어하고 내부의 평화를 유지했다. 그 대가로 성주는 공물과 부역을 요구했다. 자치권 내에서 자유농과 비자유민은 같이 취급했다. 그들은 동등한 재판권을 가졌고, 공물과 부역도 동등하게 부담했다. 이처럼 자유민과 비자유민 사이의 경계는 모호했다. 자치권은 지주제와 나란히 혹은 지주제 내부에서 제2의 지주제로 훨씬 더 억압적인 선점체제를 작동시켰다. 성 축조나 군대를 위한 군자금 혹은 생활비에 엄청난 자원이 필요했기 때문에 성주는 자신의 수입을 증가시켜야 했다. 이를 위해 정주하는 인구의 증가나 경작할 토지를 확장하여 생산물을 늘려야 했다. 이런 식으로 성주제 아래에서 처음으로 경제성장의 동력이 생겼다.

성에서의 생활을 유지하기 위해 '자치 성주'는 항시 더 차별화된 공물과 부역을 요구했다. 그는 자신과 자신의 관리를 위한 식량과 숙소를 요구했다. 그는 이용권을 규정하고 조정했고, 시장을 건설하고 감독함으로써 공물을 받고, 관세와 판매세를 요구했다. 그는 자신의 방앗간, 포도 흡착 시설, 빵 굽는 오븐 이용을 강요했다. 그리고 농민의 생산물과 생산도구를 요구했다. 그는 법적 권리를 행사했는데, 높은 벌금은 그의 최고의 소득원이었다. 완전히 갖춰진 공물제도는 11세기와 12세기에 실시되었다. 이 시기에 자치 성주가 임의로 직접 요구한 인두세(taille)도 납세자에게는 가혹한 부담이었다. 인두세와 함께 납세자는 좋은 수확의 결과로 생기는 약간의 저축도 모두 공물로 빼앗겼다. 따라서 농부들은 흉년과 물가고에 대응하거나 농기계나 가축에 투자할 여유가 없었다. 12세기에 인두세는 어디서나 매년 지급해야 할 일정액이 정해졌다. 잔혹한 자치 성주들은 이 정액 인두세를 자유증(charte d'affranchissement)으로 만들어 농민들에게 팔았다.

자치 성주에게 바치는 공물의 부담은 카롤링거 시대부터 크게 줄어들었던 지주에게 바치던 부담보다도 훨씬 컸다. 지주제에서의 지대는 점차 의미를 잃어갔고, 13세기 이래로는 흔히 단지 지주임을 상징적으로 인정하는 정도에서 지급했다. 그와 반대로 비율로 지급하는 십일조는 큰 의미를 지녔다. 몇몇 지주는 새로운 부분 소작 비율을 정했는데, 그것은 4분의 1이나 3분의 1을 지주에게 바치는 것이었다. 전체적으로 농민의 부담은 높아졌다. 자치 성주에게 바치는 조세는 농민들이 시장에 적합한 상품을 생산하도록 강요했는데 그들이 생산품 일부를 팔아서 세를 내기 위한 돈을 마련해야 했기 때문이다. 자치 성주들은 농민으로부터 받은 돈으로 사치품을 살 수 있었고 이로써 사치품 생산이 촉진되었다.

옛날 프랑크 왕국의 동쪽, 오늘날 독일에는 여러 면에서 궤도를 벗어나는 변화가 일어났다. 세습 권력이 생겨났고, 교회 면책 구역과 같은 통치 구역이 왕권으로부터 광범하게 벗어나 있었다. 수도원 관리제도(Vogtei)가 귀족 지배체제 형성의 근간이 되었다. 11세기에 왕국 영역인 북이탈리아에서 살 왕가(Salier)의 영향은 약해졌다. 성주제와 군사적 봉토(lehen)는 이곳에서 강력한 패권 세력의 틀이 되었다. 많은 귀족이 자신들의 성을 세력가에게 위임한 후 다시 봉록으로 받았다. 이를 통해 확실한 통치권과 군사권 행사의 중심지들이 봉건법으로 영방군주에 통합되었다. 영국에서도 1170년대 지역 착취자에 대한 불만이 많아졌다. 카탈루냐에서는 성주들이 폭압적 노예제를 다시 도입했다.

## 경제성장 국면

10세기 중엽 이후 유럽의 모든 지역에서 인구 증가와 경제성장

이 가속화되어 13세기 말까지 지속했다. 이러한 성장은 주목할 만한 인구 증가, 도시의 발전과 증가, 도시와 농촌의 새로운 분업에 기인하고 있었다. 도시민은 상업과 수공업 생산에 종사하고, 농민은 발전하는 도시를 지탱하는 식량을 공급했다.

12세기에 경제의 상업화 현상이 본격화되었다. 지주들이 직영하지 않고 그들의 땅을 농민에게 소작을 주었다. 많은 지주의 농장들도 소작으로 주어졌고 불필요하게 되어 벌이가 되지 않는 부역은 현금지대로 바꾸었다. 이를 잘 고증해주는 영국의 사례는 이런 변화가 어디에서나 똑같이 일어나지 않았음을 보여준다. 12세기부터 부역 대신 임노동자를 이용하여 지주가 토지를 직접 경작하는 방식이 퍼졌다. 단지 시토회와 프레몬스트라시아회(Prämonstratenser)뿐만 아니라, 다른 종교단체 지주들도 한때 자신들의 땅을 직접 경영하려 했다. 이런 상황은 알자스에 있던 왕국수도원인 프륌 수도원과 바이센부르크 수도원에서 확인되는데, 13세기 전반기 다시 직접 경영하기 시작했다. 코르베이(Corvey), 장크트에메람(St. Emmeram), 고슬라(Goslar), 헬름슈테트(Helmstedt), 키칭겐(Kitzingen)과 같은 곳의 다른 지주들은 자신의 토지를 두 가지 고전적 방법인 부역과 현물지대로 지속해서 유지했다.

생산이 대폭으로 곡물 중심으로 이동하면서 가축 사육과 야생 동물의 사냥이 줄어들었다. 대체 곡물이나 고기는 먹을 사람 수에 따라 생산했다. 인구가 증가하면서 목초지 경제는 더 효과적인 토지 이용법을 찾아야 했다. 곡물 중심의 식생활이 일반화되면서 삼포제 농업도 점차 자리 잡아간 것으로 보인다. 생산의 증가는 무엇보다 개간으로 경작지가 확대되면서 가능해졌다. 상업과 수공업도 증가하는 화폐경제로 인해 날개 단 듯 상승했다.

인구와 식량 간의 관계에 대한 이론은, 생산 증가와 함께 사람의 생존 가능성이 확대되었고 이것이 12세기에 더욱 촉진된 경제성장의 주동력이었다고 본다. 최근 이론은 기업 활동의 역동성의 전후방 효과 속에서 일자리가 생김으로써 가족이 늘고 또 이로 인해 인구 증가를 가능케 했던 경기 상승의 동인과 열기를 찾는다. 경영자적 결단력은 농업 영역으로 눈을 돌렸다. 지주만이 아니라 농민들도 흔하게 이런 마음을 가졌다. 그러나 경영 동기가 주춤해지면서 다가선 13세기 말의 불황은 가족의 발전을 제약했다. 이에 따라 14세기 전반기에는 인구 증가가 멈췄다. 이러한 혁신적인 마음을 강조하는 이론은 사회 모든 영역에서 하나의 새로운 예측 가능성, 시공간에 대한 새로운 의식, 일목요연한 행정에 대한 의지, 법적인 관계의 명료성 등이 파악되는 것과 서

로 연관을 맺고 있다. 이것은 경제 영역에서 새로운 것이 태동하는 시기의 개혁적 특성, 즉 사회적 관계의 형식화와 규제화가 늘어나는 특성을 보여준다.

## 인구

당시의 인구수는 영국 문서에 잘 기록되어 있다. 영국은 12세기 후반기까지 연간 0.2퍼센트의 매우 낮은 증가율을 보였다. 이것이 1200년에서 1300년 사이에 0.75퍼센트까지 증가한다. 다른 지역의 통계는 충분한 사료에 근거하지 못하지만, 12세기 프랑스는 0.39퍼센트, 독일은 0.48퍼센트 인구 증가가 있었다고 추정한다. 이런 증가율은 오늘날 개념으로 보면 매우 저조한 것이다. 중세 중기에는 근대와 비교하여 비견할 만한 인구 증가가 아니라 매우 작거나 완만한 증가세가 있었다. 인구 증가는 거기에 합당한 에너지원의 증가, 즉 인간을 위한 더 많은 식량, 더 많은 동물 사료, 난방을 위한 더 많은 목재, 더 많은 수력과 풍력의 이용을 의미한다.

## 개간과 이주

### 국토 개간

인구 압박은 국토 개간으로 농경지를 늘리는 결과를 가져왔다. 사람들은 주어진 평지의 농토를 경작하다가 점차 황무지와 숲을 개간했다. 개간은 930~950년에 프로방스에서 먼저 집중적으로 일어났다. 그리고 10세기경에는 푸와투, 1000년경에는 루아르강, 손강, 마스(뫼즈)강 유역, 그리고 11세기 중엽에는 북부 프랑스의 아퀴타니아, 브라반트, 룩셈부르크, 아르덴 지역에서 이루어졌다. 11세기 후반에는 거대한 자본과 노동을 투입해서 해수면보다 낮은 플랑드르 지방의 해안 간척지에 둑을 쌓아 육지를 만들었다. 이러한 국토 개간은 12세기와 13세기 전반에 절정에 달했다. 프랑스는 10세기에서 13세기 사이에 생산 가능한 국토의 4분의 1에서 절반에 이르는 땅을 얻었던 것으로 보인다. 1200년경 이후의 꽃가루 지도와 이산화탄소의 농도는 당시 숲을 개간하고 곡물을 경작했음을 알려준다. 독일의 전통적 정주지에서도 곡물을 경작하기 위한 개간이 있었다. 그러나 동쪽 지역에서 더 집중적으로 국토가 확대되었다.

### 이주와 동방 정주

생존 수단의 한계를 늘리기 위한 두 번째 가능한 방법은 이주다. 단지 성지로의 십자군 원정뿐 아니라 에스파냐와 슬라브 이교도들이 있는 동쪽으로의 이주는 인구 과밀에 따른 압박 탓으로 볼 수 있다. 남프랑스 지역의 인구 과밀은 재정복(reconquista)으로 이슬람에서 다시 기독교화된 에스파냐 지역이 생기면서 해소되었다.

동방 정주는 주로 11세기 말에서 13세기 말까지, 최종적으로는 15세까지 라인강 지역의 독일인, 플랑드르인, 네덜란드인들이 엘베강 너머의 동중부 유럽으로 이주하면서 이루어졌다. 폭넓은 개간을 통해 그들이 도착한 곳의 경작 면적이 넓어졌다. 목표 지역은 두 지역이었다. 그들이 향한 지역은 한편으로는 엘베강, 잘레강, 오데르강 쪽이었고, 다른 한편으로는 보헤미아 숲과 엔스(Enns)강, 라이타(Leitha)강 사이 지역이었는데 그곳은 인구밀도가 낮고 토지 활용도가 높지 않았다. 이곳의 인구밀도가 높아지는 데 큰 관심을 가진 이들은 서쪽에 있는 세속 및 성직 지도자들이었다. 그들은 인구와 생필품 사이의 균형이 쉽지 않음을 역설하면서 지원자를 모집했다.

보사우의 헬몰트(Helmold of Bosau)는 1143년 샤우엔부르크

(Schauenburg)의 아돌프 2세에 대해 다음과 같이 적었다. "자신이 살던 홀슈타인을 떠난 그는 플랑드르·홀란트·위트레흐트·베스트팔렌·프리슬란트 등으로 전령을 보내 농지가 부족한 사람은 누구나 가족과 함께 아름답고 광활하고 풍요로울뿐더러 좋은 방목지가 있고, 물고기와 고기가 충분한 이곳으로 와야 한다고 전했다." 생존을 위협받는 고향과 호평이 자자한 동쪽 정주 지역의 차이가 분명히 드러났다. 그 당시 플랑드르와 홀란트는 다른 지역보다 인구밀도가 높았다. 그런 탓에 11세기를 지나면서 벌써 내부 식민지 과정을 거쳤다. 둑을 막아 바다를 간척지로 만들었으나 이러한 간척지도 늘 파도에 휩쓸릴 위험이 있었다. 1144~1147년 슬라브족과의 십자군 전쟁 시기에 플랑드르 지역에 기근이 찾아왔고 많은 농민이 이주했다.

동쪽으로 정주한 사람들의 수는 최근의 계산에 의하면 그렇게 많지는 않다. 12세기 처음 식민운동 때 대략 독일 농민 20만 명이 동방으로 이주했다. 13세기의 포메른, 슐레지엔 그리고 더 동쪽에 있는 지역으로의 이주 물결도 같은 규모였다. 이는 오늘날의 이주와 비교할 때 놀라울 정도로 적은 수다. 12세기와 13세기에 신성로마 제국의 인구가 500만~600만이라고 생각할 때 동방 이주 비율은 약 7퍼센트에 지나지 않았다. 과잉인구 대부분은 내부 식민지 지역이나 성장하는 도시로 갔다.

인구 증가와 개간은 중세 중기의 경제성장에 가장 커다란 이바지를 했다. 새로운 땅의 개간은 노동생산성의 향상을 의미했다. 인구의 증가는 도로, 다리, 항구와 같은 기간시설을 위해 쓴 고정비용을 많은 사람이 나누어 지급하게 했다. 농업의 특화가 가능해졌고, 수공업과 상업 및 운송업에서 자유로운 능력 발휘가 가능해졌다.

## 농업 생산성

발전하는 도시는 식량이 필요했다. 만약 농촌에서 생산과 생산력의 향상이 없었다면 도시도 발전할 수 없었을 것이다. 최근 몇몇 연구는 900년경부터, 특히 1180~1300년 사이 최적의 따뜻한 기후를 생산 증대의 가장 중요한 요인으로 보았다. 9세기와는 달리 파종과 수확의 비율이 많이 나아졌다. 이와 같은 당시의 풍년 때 생산성은 토지의 생산성이 떨어지는 오늘날의 농지에서보다 수확이 더 나왔다. 생산은 수확률의 변화 없이도 높아질 수 있었다. 같은 면적이라도 촘촘하게 씨를 뿌리고, 휴경지로 제한했던 넓은 토지에 씨를 뿌리거나 수확률이 높은 종자를 골라 씨를 뿌림으로써 생산을 높일 수 있었다. 그러나 이러한 영향력을 수량화할 수 있는 사료는 많지 않다.

12세기 중반에 부르군트에 있던 클뤼니 수도원의 몇몇 토지에서의 수확률은 1 대 2와 1 대 4 사이였다. 만약 카롤링거 시대의 수확과 비교한다면 이런 증대는 그리 대단한 것은 아니다. 분명히 매해 수확에 큰 변동이 있었으므로 평균 수확량이 실제 삶을 제대로 반영한다고 할 수 없다. 만약 수확률이 1 대 3인데, 1 대 2가 되던 해에는 그간 비축해놓은 것을 먹거나, 다른 지역의 다른 수확물과 교환할 것이 없었다면 많은 사람이 굶주렸을 것이다. 왕의 명령으로 작성된 토지대장인 《둠즈데이북》에는 놀라운 기록이 있다. 1066년경부터 《둠즈데이북》이 작성된 1085/1086년까지의 짧은 시간에 놀라운 증가가 확인된다. 수확량이 캠브리지의 백작령에서 40퍼센트, 링컨의 백작령에서 50퍼센트 증가했다. 에식스, 노퍽, 서퍽에서는 두 배로 증가했다. 인구 증가는 이 기간에는 없었고, 1120년경에야 비로소 시작되었다. 영국은 먼저 농촌 경제의 호황 후에 생필품의 공급이 원활해지면서 인구가 성장했던 대표적인 사례다.

13세기 이래의 지속적인 발전을 두 단계로 나누어볼 수 있다.

먼저 첫 번째 국면은 1200~1250년 사이다. 이 시기에 네 가지 주요 곡물의 평균 수확률이 1 대 3(프랑스)에서 1 대 3.7(영국)이었다. 아무튼 수확은 해마다, 곳곳마다, 곡물 종류마다 크게 차이가 났다. 수확률이 1 대 3에서 1 대 4로 바뀌는 것은 같은 백분율인 1 대 9에서 1 대 12로 바뀌는 것보다 훨씬 더 중요한 성장이다. 다음 해 파종을 위해 보관하는 씨앗의 양은 수확률이 1 대 3일 경우는 수확량의 3분의 1이고, 1 대 4일 때는 4분의 1이다. 직접 소비할 수 있는 수확량은 3분의 2에서 4분의 3으로 올라간다. 백분율은 같더라도 숫자가 늘어날 때마다 순이익은 떨어진다. 수확률이 아주 작을 때는 큰 경우와 비교했을 때 같은 작은 성장이라도 더 강력한 성장 동력으로 작용할 수 있었다. 생산력의 증대는 개간과 함께 중세 중기의 경제성장의 핵심 동력이 되었다.

## 삼포제

중세 중기에는 카롤링거 시대부터 잘 알려진 삼포제를 중·서·북유럽에서 넓게 시행했다. 가장 잘 알려진 방법은 경작지를 세

부분의 개방 경지로 나눈 것이다. 모든 농민은 이 삼분된 경작지 각각에서 비슷한 크기의 길게 구획된 토지를 경작했다. 아울러 어떤 토지에 어떤 곡물을 심을지, 언제 쟁기질하고, 써레질하고, 파종하고, 수확할지를 정해두고 따르게 했다. 씨를 뿌린 경작지는 야생동물로부터 보호하기 위해 울타리를 쳤는데, 이는 구역화를 의미하는 것이기도 했다. 여기서 이러한 구역〔첼게(zelge)〕은 각 경작지를 의미하며, 이로부터 삼포제〔드라이첼겐비르트샤프트(Dreizelgenwirtschaft)〕의 개념이 나왔다. 경작지의 절반을 묵혀두었던 이포제와 비교해서 삼포제의 장점은 3분의 1의 농지만 휴경지로 둔다는 것이다. 많은 연구자는 더 많은 토지의 사용으로 수확이 감소하여 삼포제의 이점이 없어졌을 것이라는 주장을 받아들이지 않는다. 그리고 사람들은 각자의 농지로 가기 위해 늘 사용하는 농로를 따로 낼 필요가 없었다. 만약 모든 농부가 독자적으로 농업 생산을 했다면 그는 이웃의 토지를 거치지 않고 자신의 토지로 가는 농로를 확보해야만 했을 것이다.

삼포제의 세 번째 장점은 흉작의 위험을 감소하는 것이다. 만약 어느 해 겨울 곡식이 잘되지 않았다면, 여름 곡식은 잘될 수 있었다. 만약 밀이나 호밀의 흉작이 확실하다면 4월에 휴경지에 귀리나 보리를 심었다. 그런데도 삼포제로 인한 토지 이용의 증대와 휴경지의 감소는 방목 가능성을 축소했다. 결과적으로 퇴비의 감소와 함께 가축 사육이 줄었고, 숲과 목초지 사용을 두고 갈등이 늘었다. 그리고 12세기부터는 목초지 공동 사용권이 해체되었다. 벌써 1200년경에 밀라노 지역에는 목초지 공동 사용 흔적이 사라졌다. 롬바르디아 평원, 리구리아, 토스카나 등에서도 추수가 끝난 밭에서 이삭을 줍는 등의 목초지 공동 사용권이 없어졌다. 라티움과 남쪽 지역, 특히 캄파냐에서는 휴경지와 수확을 마친 토지에서의 공동 방목권이 사라졌다. 그리고 허락을 받은 사람에게 공유지, 숲, 목초지 사용권을 주는 방식이 작동했다. 마을에서 할당한 일정 토지를 경작해야 하는 것 자체가 농민의 조건이 되었다. 이로써 마을 농민은 이방인 혹은 방문객과 다른, 법률적으로 동질성을 지닌 집단이 되었다.

12세기 전반기부터 프랑스에서는 삼포제 농업이 널리 퍼졌다. 독일에서 삼포제 농업은 13세기 혹은 14세기에 이르러서야 비로소 널리 퍼졌다. 중부 프랑스와 특히 남프랑스에서는 2년 윤작제를 선호했다. 지중해의 농업은 2년 윤작제가 일반적이었는데 다양한 곡물을 돌아가며 심었다. 휴경지는 그대로 두지 않고 콩과작물을 재배했다. 12세기부터 벌써 롬바르디아에서, 13세기부터는 토스카나에서 여름 휴경지에 질소고정 능력이 있는 콩과작물을 심어서 땅을 거름지게 했다. 13세기부터 시칠리아와 피에몬테 지역에서 삼포제를 시행했다. 첫해에 겨울 작물, 다음 해에 봄 작물, 셋째 해에 콩과작물을 돌아가며 심었다.

## 포도 재배

10세기부터, 특히 11세기에 도시에서 포도주 수요 증가로 카탈루냐, 프랑스(샹파뉴, 랑 지역과 수와송, 일드프랑스)와 독일(모젤, 라인)의 포도 농원은 호황이었다. 12세기에는 오세르, 루와르, 보르도 지역에서 포도 생산이 활발해졌다. 이탈리아에서는 움브리아, 토스카나와 캄파니아가 대표적 포도 농원이었다. 프로이센에 있는 독일기사단에 의해 촉진되었던 포도 생산품이 발트해로 수출되었던 것과 함께 독일에서는 포도 수출품에 대한 한자(Hansa: 중세 북유럽의 상인 조합—옮긴이)의 수요가 있었다. 질 좋은 포도주가 네카어강 유역, 팔츠, 모젤강까지의 라인강 중류, 알자스, 남티롤로부터 공급되었다.

포도 재배는 농장 소유자에게 수확의 일정 부분, 대부분 3분의 1을 주는 소작 방식으로 진행되었다. 새로운 포도 농원에서는 새로운 계약서를 작성했다. 예를 들어 프랑스에서는 농민과 지주 사이에 4~7년 된 묘목이 있는 농원에서 흉작인 해를 기준으로 포도 농원을 새로 나눈 후 계약서를 완성했다.

북부와 중부 이탈리아는 13세기 초부터 대단위로 흔히 메차드리아(Mezzadria: 부분 소작—옮긴이) 계약이 성행했다. 이는 소유자가 땅, 모든 건물, 채소밭, 파종 씨앗, 퇴비를 공동으로 경영할 수 있게 마련해주는 계약이었다. 그리고 계약이 끝나면 모든 것이 처음 상태로 되돌려졌다. 농민은 자신과 가족의 노동력을 제공했다. 수확은 흔히 절반이었지만 양자 간에 여러 방식으로 나누기도 했다. 농민은 게다가 새로운 포도나무와 올리브 나무에 대한 보상 책임을 가지고 있었다. 증가한 인구의 상당수가 노동집약적인 포도 농원에서 일했다. 포도 경작은 농촌에서 임금 노동을 촉발했다. 포도의 모습은 도시의 모습이기도 했다. 도시 거주자들은 단지 포도주 소비자만이 아니라 생산자의 역할도 했다. 도시 포도 생산자는 라인 상류 지역, 프랑켄 지방, 오스트리아에서 수공업자 조합에서 활동했다. 쾰른, 스트라스부르, 트리어, 룩셈부르크와 같은 큰 포도주 도시에서는 포도주세가 도시 수입의 상당 부분을 차지했다.

## 신기술

점토 성분이 강한 땅을 경작하려면, 특히 개간하려면, 보습, 날, 볏을 갖춘 이랑쟁기가 필요했다. 이랑쟁기는 단지 괭이질용 쟁기가 아니라 땅을 파고, 판 흙을 볏 위에 올려 다시 땅으로 보내면서 땅을 뒤집는 기계였다. 이러한 이랑쟁기는 11세기 이래로 많이 사용했다. 괭이쟁기와 이랑쟁기를 함께 사용했다. 영국의 《둠즈데이북》에 따르면 왕령지에서 무거운 이랑쟁기를 끄는 데 황소 여덟 마리가 필요했다. 보통 농가의 농사일에는 황소 두 마리면 충분했다. 남쪽에서는 괭이쟁기를 더 많이 사용했다.

로마식 마구의 단점이 한때 과장되었다고 할지라도, 800년경 처음으로 고증된 굴레가 널리 사용되어 말의 끄는 힘을 높였고, 쟁기질에 황소 대신 말을 이용함으로써 노동 속도를 빠르게 했다. 말은 황소보다 같은 견인력에서 1.5배 빠르고 더 오래 버텼다. 말은 황소보다 두 시간 더 들판에서 일할 수 있었다. 11세기부터는 굴레를 단 말이 쟁기질하고 써레질하는 모습이 흔하게 묘사된다. 말의 편자는 비잔틴을 건너 서양에 전달되어 11세기에는 널리 퍼졌다. 이와 함께 편자를 만드는 수공업도 호황을 누렸는데, 농촌에 퍼지면서 농촌에 있는 정주지들이 마을로 발전하는 데 기여했다.

말이 힘을 쓰는 쟁기질과 운송에 사용되는 과정은 지역마다 정도의 차이가 있었다. 남유럽에서는 말을 거의 사용하지 않았다. 이와는 달리 13세기 노르망디에서는 수레를 끄는 데 황소를 더는 사용하지 않았다. 11세기 말에 이미 견인동물로 말을 많이 사용한 것은 교황 우르바누스 2세가 1095년에 클레르몽 공의회에서 일소, 쟁기용 말, 운송용 말과 마부에 관해 규정한 보호령 때문이었다. 좀 다른 것은 영국의 경우다. 《둠즈데이북》에 따르면 말은 왕령지에서 일하는 견인동물의 5퍼센트에 지나지 않았다. 14세기 초에는 말 사용이 왕령지에서는 20퍼센트를 넘었고, 농민 보유지에서는 거의 50퍼센트였지만, 많은 지역에서 75퍼센트에 이르기도 했다. 변화는 특히 농민들로부터 시작했다. 12세기에서 13세기의 시장 활성화는 느린 소보다 비싸지만 빠르고 다루기 쉬운 말을 선택하게 했다. 말은 상품을 빠르게 운송했고, 상품 거래의 영역을 넓혔으며 상품 순환도 더 잘되게 했다. 말을 쟁기질과 써레질에 활용하자 노동생산성이 높아지고 경제성이 향상했다. 휴경지가 급격히 줄면서 동물 사료의 공급이 중단되었다. 그래서 말 사료용 식물을 재배해야만 했다. 사료 재배는 다시 가축 사육으로 이어져 고기 생산도 가능하게 했다. 이런 육류

생산량으로도 팽창해가는 도시의 수요를 채우지 못했다. 노퍽, 에식스, 하트퍼드셔에서는 1250~1349년 왕령지의 가축 중 60퍼센트가 식용으로 쓰였다.

## 방앗간의 확산

11세기부터 물레방아가 널리 사용되었다. 오늘날 프랑스의 오브에는 물레방아가 11세기에 14개, 12세기에 60개, 13세기에 200개가 있었다. 영국에서는 1086년 《둠즈데이북》에 따르면 34개 백작령 속에 9250개의 마을이 있었다. 그들 중에 3456개는 하나 내지는 두 개의 자체 소유 물레방아를 가지고 있어서 전체적으로 5624개의 물레방아가 있었다. 평균 50가구에 물레방아가 하나 있었다. 물레방아의 수는 1300년까지 최소 1만 2000개로 두 배가 되었거나 최대 1만 5000개로 많아졌다. 물레방아는 농민을 힘든 노동에서 해방했다. 특히 여성들을 힘든 디딜방아 일로부터 해방했다. 지주는 자신의 방앗간을 사용하게 하고 사용료를 받음으로써 투자 이익도 얻었다.

중세 시대에 조수 간만의 차로 생긴 물의 힘을 이용한 조력방아가 생겼다. 조력방아는 1044년과 1078년에 이탈리아의 아드리아 해안 습지에, 1066~1086년 영국 도버항 입구에 세웠다. 12세기에는 프랑스 해안 도시 바욘과 영국 해안의 우드브리지(Woodbridge)에서 가동했다.

12세기의 중요한 혁신은 풍력 방아의 발전이었다. 기술적으로 해결해야 할 문제는 하늘의 사정이 늘 바뀌는 상황에서 어떻게 바람을 지속해서 모으느냐 하는 것이었다. 풍차가 장착된 기계장치는 중앙 지주에 부착되어 바람이 불 때마다 풍차가 자유롭게 돌아가도록 설계되었다. 풍력 방아는 급히 퍼져갔다. 최초의 풍력 방아 중 하나는 1162년 아를에 있었고, 다른 방아는 노르망디와 브르타뉴에 있었다. 그리고 영국에도 1180~1190년에 있었다. 교황 코엘레스틴(Coelestin) 3세(재위 기간 1191~1198)는 교회에 대한 십일조 해당 범위에 풍력 방아를 두려고 했다. 특히 겨울에 물이 어는 지역에서는 이 새로운 기술에 관심을 가졌다. 이프르(Ypern)에는 13세기에 이미 풍차가 120개 있었다. 당시에 홀란트와 북이탈리아에도 풍차가 있었다. 홀란트의 풍차는 오늘날까지도 상징물로 남았다. 이에 반해 다른 지역에서는 잘 알려지지 않았다.

캠축은 회전하는 힘을 수직으로 작동하는 힘으로 바꾸는 것을 가능하게 했다. 이를 기점으로 근대적인 기계가 생겼다. 수력이나 풍력 방아를 이용하여 여러 가지 일을 쉽게 처리할 수 있게 되었다. 최초의 발크방아가 983년 토스카나 지방의 세르치오(Serchio)강에서 확인된다. 흔히 라틴어로 풀래(fullae)라 불린 이 방아는 1008년 밀라노의 한 수도원에 기증한 문서에서 언급된다. 그르노블에서도 11세기 전반부에 이 방아를 가동했다. 영국 최초의 발크방아는 1185년에 글로스터셔에 있는 바턴(Barton)에서 언급되고 있지만, 1340년대에 이르러서야 많이 사용하기 시작했다. 이 방아는 12세기와 13세기에 플랑드르와 브라반트의 직물 도시들에서 사용됐다. 그간 동물 털이나 가죽을 통에 담아 오래 두들기거나 발로 짓이겨 무두질했으나 이제는 무두질용 망치를 이용할 수 있었다. 발로 밟는 공법에 비교해 무두질 망치를 사용하는 발크 방아는 생산성을 서너 배 향상했다. 그르노블에는 11세기 전반기에 대마와 아마 방적기계가 있었다. 마직물 생산에서 대마와 아마 껍질의 섬유질을 분리하는 힘든 작업을 수력을 이용한 망치로 해냈다.

철강업에서 수력을 이용하면서 혁신적 변화가 찾아왔다. 처음에는 보습, 큰 낫, 칼, 장검 등을 날카롭게 가는 장치를 사용했다. 그러다 풀무를 사용했고, 얼마 지나지 않아 얇은 철판을 만드는 망치를 이용했다. 13세기에야 비로소 무거운 대장용 망치가 널리 퍼졌다. 1010년에 오버팔츠(Oberpfalz)에 있는 '대장간 방아'라는 의미의 지명 슈미데뮬렌(Schmiedemühlen)이 생겼다. 이 사실을 통해 이곳에 당시 수력을 이용한 대장간이 있었음을 추측할 수 있다. 북부 에스파냐에서는 이미 1073년에 수력을 이용하여 용광로에서 풀무를 사용했다. 수력을 이용한 가장 오래되고 확실한 대장간은 1135년 프랑스에서 확인된다. 대장간 방아는 13세기에 남쪽의 칼라브리아에서 북쪽으로는 영국, 슐레지엔, 스웨덴까지 보급되었다. 13세기 말엽 고열용광로의 대형 풀무가 수력으로 작동했다. 대장간은 물과 가깝거나 목탄을 쉽게 조달할 수 있는 숲이 가까운 곳에 있어야 했기 때문에 광산에 있는 제철 시설과는 공간적 거리가 생겼다.

제철은 어마어마한 에너지를 사용했다. 50킬로그램의 철을 얻기 위해서는 25세제곱미터의 목재나 이 목재로부터 만든 숯으로 200킬로그램의 철광석을 녹여야 했다. 아울러 제철의 생산성을 높일 수 있는 철광석 채취 시설은 물 가까이에 있어야 했다. 광석을 부수는 쇄광기는 13세기 초에 이미 보급되었다. 이와 같은 혁신으로 제련 과정이 직접공정에서 간접공정으로 쉽게 변할 수 있었다. 그러나 모든 곳에서 성공적이지는 않았다. 렌(Renn) 용광로에서 직접공정으로 줄어든 철광석은 탄소 함유량이 적어서 다른 공정 없이 바로 제철 작업을 할 수 있었다. 작업 능력이 좋은 간접공정용 쉬툭(Stück) 용광로와 플로스(Floß) 용광로는 13세기부터 주로 물가에 설치했다. 철광석 덩어리는 커서 수력을 사용한 대장용 망치로 부쉈다. 철광석은 정제 작업을 거쳐서 제련할 수 있었다. 이런 과정에서 직접공정에서 간접공정으로 간 것이 아니라 두 가지 공정을 지역마다 동시에 사용했다. 수력 에너지는 제혁(처음 1135년 파리), 제재(처음 1204년 노르망디), 올리브와 견과류의 착유, 여러 가지 농업 생산물을 제분하기 위한 절구, 더 후에는 종이 생산에서 제지 원료 덩어리를 다지는 작업에 사용됐다.

수력과 풍력을 이용한 기계를 통해 얻은 에너지를 사용한 것은 흔히 말하는 중세 산업 혁명의 핵심이다. 일차 산업 분야인 농업 분야에서 발생한 기술 진보는 이차 산업에서의 진보로 이어졌다. 이것은 산업 경제로 가는 과도기적 특징이다.

## 철 생산의 증대

철 보급의 확대는 중세 중기의 경제 발전에 결정적 역할을 한다. 무거운 이랑쟁기는 딱딱한 땅을 경작지로 만들고, 개간하기 위해서 강한 철제 보습이 필요했다. 개간할 때는 무거운 도끼, 큰 톱, 벌목용 칼 등 철제도구를 이용했다. 말들도 철제로 된 편자가 필요했다. 전쟁에 필요한 군수품에도 철제 사슬로 된 셔츠, 갑옷과 투구, 칼과 활에 쓰는 화살촉 등이 필요해 수요가 증가했다. 건설에도 여러 가지 금속이 들어갔다. 고딕 성당의 벽들은 충분한 금속 조형물을 통해 안전해졌다. 《둠즈데이북》에 의하면 1066에서 1086년 사이 영국의 철 생산량은 세 배로 늘었다.

롬바르디아 지역의 알프스에서는 11세기에 소작농이 부업으로 생산하거나 조세로 수도원에 바친 철로 확인된 지주제하에서 생산한 철이 성의 자치권 영역으로 넘어갔다. 1200년경부터 완전히 사적으로 행해진 광산의 탐사와 채굴은 동업자 동맹을 통해 행해졌다. 동맹의 구성원들은 채굴권의 일정 부분을 서로 나누어 가졌기 때문에 그들의 노동자는 며칠씩 돌아가며 광산에서 일했다. 조세는 자치 성주에게 지급했다. 철의 간접공정은 이곳에 13세기 초에 보급되었는데, 1226년 벨틴(Veltlin)에서 그 사례가 확인된다. 고열이 필요한 제철공정에는 수력을 이용한 풀무를 작동시켜야 했기 때문에 제철 작업은 더는 광산에서 직접 행할 수 없었다. 고열용광로는 공동 소유였다. 관세를 통해 금속공업을 활성화했던 철의 잦은 거래가 있었음을 알 수 있다. 엘바섬은 철이 풍부했지만, 사용 가능한 목재의 고갈로 높은 목재 운송비를 감당할 수 없어 육지에서 제철작업을 할 수밖에 없었다. 12~13세기에는 베스트팔렌, 나사우, 베르겐이 유럽의 철 생산의 중심지가 되었다. 남부 독일의 암베르크 외에도 슈타이어마르크와 티롤에서 철을 생산했다. 주철은 14세기 스웨덴에서 처음으로 확인된다.

## 소금의 생산과 판매

사람과 동물은 소금이 필요하다. 사람에게 건강한 소금 소비량은 일 년에 1.5~2킬로그램인데, 소는 거의 33킬로그램, 송아지는 9킬로그램, 말은 18킬로그램이 필요하다. 소금은 치즈 생산에도 필요하고, 식료품 저장, 특히 물고기 저장에 많이 쓰인다. 중세 시대에는 소금을 여러 곳에서 생산할 수 있다는 것을 몰랐기 때문에 소금을 아주 멀리서 수입하는 일도 있었다. 바닷소금은 지중해와 대서양에서 브르타뉴의 게랑드(Guérande)까지의 평탄한 해안가 염전에서 바닷물을 증발시켜 채취했다. 멀리 북쪽으로는 쾨니히스베르크까지 소금을 제조했다. 제염소는 11세기 북부 브르타뉴 해안에서 퐁티외까지 성업했다. 북해와 동해의 바닷물은 소금을 만들기에 염도가 지나치게 낮았다. 영국은 1086년의 《둠즈데이북》에서 제염소가 1195곳 확인된다. 영국에서는 소금물을 불 위에서 끓여 만드는 방법을 사용하기 전에는 바닷물을 작은 수조에 담아 증발시키는 방법을 썼다.

베네치아는 12세기 말엽에 키오자(Chioggia)의 소금으로 거래를 시작했고, 13세기부터는 체르비아(Cervia)의 소금도 관리했다. 그리고 1240년부터는 전체 지중해 지역의 소금을 수입했고, 1281년 상인들에게 베네치아에서 수입한 소금임을 표시하도록 했다. 13세기 말엽 베네치아는 크레타의 제염소들을 파괴함으로써 세계 소금 시장 가격을 올리려고 했다. 소금 관청의 재정 지원을 받으면서 베네치아의 상인들은 점점 자신들의 거래 범위를 넓혀서, 이집트에서 알제리까지의 아프리카 해안에서 소금을 사왔다. 베네치아의 최대 경쟁 도시는 제노바였다. 제노바 상인들은 특히 사르데냐, 프로방스, 랑그도크, 툴롱 가까이에 있는 예르

(Hyères), 에스파냐와 이비사에서 소금을 사왔다.

중세 시대에 사람들은 암염을 프랑슈콩테, 로렌, 오스트리아의 알프스, 뤼네부르크, 폴란드와 루마니아에 걸친 카르파티아산맥, 에스파냐의 카르도나(Cardona)에서 채굴했다. 자연 염천에서는 물 표면에서 소금이 결정되지만, 암염은 주로 채굴해야 했다. 소금물은 가마솥에서 끓였다. 소금은 중세 초기부터 지주제하에서 생산했다. 특히 프륌 수도원이 고증하듯이 현물지대로 받은 소금은 수도원의 자체 생계를 위해 사용했다. 수확의 3분의 1만이 이주자들에게 돌아갔고, 남는 양은 판매했다. 12세기에 이주자는 자유 소작인으로 등장한다. 오버작센에 있는 할레의 제염공장들은 12세기에 교회의 소유에서 귀족과 시민의 소유로 변한다. 라이헨할(Reichenhall)에서 1100년 이후 소금물이 있는 깊은 지층까지 수직갱도를 뚫어 채취하는 방법이 생겼는데, 이는 기술적으로 혁명이라고 할 수 있다. 이 기술을 이용한 제염소들이 동알프스 지역에 생겼다. 갱도로 설탕물을 채워 넣어 소금을 용해한 후 많은 소금물을 퍼냈다. 이런 방식은 염전보다 훨씬 더 정규적으로 생산할 수 있었다. 뤼네부르크의 제염소는 소금 생산량을 1200년경에 5200톤에서 1300년경에는 1만 5000톤까지 세 배로 늘렸다.

이 소금은 먼저 니더작센, 메클렌부르크, 슐레스비히홀슈타인, 유틀란트에 팔렸고 그다음으로 동해에 있는 뤼베크의 중개무역을 통해 발트해의 스칸디나비아에서 노르웨이의 베르겐까지, 러시아 쪽으로는 노브고로드까지 팔렸다. 소금 거래는 한자동맹이 주도했다. 소금이 많이 필요한 것은 염장 청어를 만들 때였다. 청어 한 통에 소금 한 통이 필요했다. 청어 가공업은 염장 가능성 덕분에 스웨덴, 노르웨이, 아이슬란드, 이스트앵글리아(East Anglia), 홀란트로 팔리는 주요 수출품이 되었다. 12세기에 암염 채취도 바이에른 알프스 지역의 라이헨할, 잘츠카머구트(Salzkammergut)의 할라인(Hallein), 프랑슈콩테의 살랭(Salins), 이탈리아의 살소마기오레(Salsomaggiore)에서 활발히 이루어졌다.

중세의 소금 소비는 식량을 저장하는 목적 외에도 많이 쓰였다. 소금에 대한 거대한 수요는 특히 두 지역에 집중되었다. 북해와 에스파냐의 어항과 피레네에서 카르파티아에 이르는 방목 산악지대에서 소금을 많이 필요로 했다. 12세기에 통치자들이 소금 판매를 왕권으로 제한했던 것은 중세 중기의 호황을 말해준다.

## 도시의 기원과 건설

1000년경부터 농촌 인구가 과밀해지기 시작했고, 얼마 지나지 않아 도시가 형성되면서도 인구가 증가했다. 농촌의 거주지가 흔히 도시로 발전했다. 이는 새로운 도시의 건설이기도 했고, 부분적으로는 로마 후기부터 있었던 도시가 다시 활성화한 것이기도 했다. 중세 도시는 저절로 생긴 것이 아니라, 농촌 인구의 이주로 생겨났다. 농촌의 과잉인구 일부가 도시로 유입될 수 있었다. 이를 통해 도시의 성장이 가능할 수 있었고, 많은 식량 생산 덕분에 도시에서도 먹고살 수가 있었다. 당시 시작된 노동 분업으로 도시와 농촌 사이의 교환이 필요했기 때문에, 도시에는 시장이 생겼다. 이 시장은 농촌의 장터에서 기원하며 도시로 발전했다. 당시 조성된 도시의 대부분은 당시의 호황을 주도했던 원격무역을 위한 것이 아니라, 가까운 지역 시장으로 기능했다. 흔히 거주지 중심의 구석에 형성되었던 상인 거주지는 도시 중심부의 발전에 큰 영향을 미쳤다.

많은 도시가 정치적 목적으로 생기기도 했다. 행정과 통치의 중심지로서 도시는 주위의 농촌에 비교해 더 의미를 가졌다. 중요한 것은 지역마다 나름의 산업적 특성이 있었다는 것이다. 그

전형적 사례는 플랑드르의 직물업이다. 이 직물업으로 밀집된 도시지역이 탄생했다. 넓은 초원에 도시를 건설하는 것은 아주 드문 일이었다. 도시는 개간 지역에 들어서곤 했다. 이러한 도시 건설의 물결은 이미 11세기에 프랑스, 플랑드르, 에스파냐에서 일어났고, 12세기에 독일, 영국, 이탈리아에서 뒤따라 일어났다. 농촌 마을의 구조를 지닌 농민 도시와 같은 저급한 도시를 제외한 중세의 도시는 주변 지역의 경제적 중심지였다. 특히 시장 기능을 통해 거래의 중심지, 수공업의 중심지 역할을 했다.

## 수공업과 수공업자 조합

건설업은 10세기부터 다시 석조 건물을 짓기 시작하면서, 특히 교회 건축의 철저한 열기 속에서 호황을 누렸다. 이를테면 1088~1120년 클뤼니의 제3수도원의 교회 건립과 같은 거대한 건축 붐은 모든 지역의 경제적 동력이 되었다. 성, 다리, 도시 성벽, 늘어나는 도시의 석조 주택의 건설로 건설 분야는 계속 호황을 누렸다.

철 수요의 증가는 지주제하에서 시토회와 같은 교회 시설 혹은 세속 통치자들에게 예속되어 있던 금속 수공업이 광산 지역과 도시에서 크게 발전하는 데 기여했다.

직조업은 11세기 플랑드르와 샹파뉴에서 신기술을 개발하면서 빠르게 성장할 수 있었다. 수직 베틀이 수평 베틀로 바뀌면서 긴 천을 짤 수 있게 되었다. 이와 같은 변화로 직물 제조를 여성이 아닌 남성이 담당하게 됐다. 수출용 모직은 먼저 두에(Douai), 아라스, 생토메르(Saint-Omer)에서, 뒤이어 이프르, 투르네(Tournai), 뤼티히(Lüttich)에서 생산했다. 이와 함께 중세 유럽에서 노동력의 특화를 통한 노동 분업이 일어났다. 여성들은 방추에서 양모를 빗겨 실로 제조하는 일(물레는 13세기에 도입)과 실을 팽팽하게 비끄러매는 일을 했다. 그러면 남자 직조공은 양모 원단을 만들었다. 그런 후 세척, 무두질, 다듬질, 재무두질을 했다.

염색은 필요에 따라 했는데 염색 없이도 거래되었기 때문이다. 12세기 초에 이미 수평 베틀을 사용했던 영국에서만 질 좋은 천을 생산했다. 13세기 후반에 피렌체의 모직물이 밀라노 모직물과 함께 점차 널리 퍼졌다. 그러나 베르가모, 볼로냐, 브레시아, 코모, 크레모나, 만투아(Mantua), 파르마, 파비아, 피아첸차, 레조, 베로나에서 만든 모직도 피렌체와 밀라노의 것에 뒤지지 않았다. 11세기에 수입한 원재료로 만드는 면직물을 북부 이탈리아 피아첸차, 파비아, 크레모나에서, 12세기에는 제노바, 루카, 피사에서도 생산했다. 제노바는 면화를 북아프리카, 몰타, 시칠리아, 칼라브리아에서 수입했다. 베네치아는 시리아와 아르메니아의 일등급 면화와 함께 그리스의 질 낮은 면화도 수입했다. 이런 면화를 베로나, 파르마, 피아첸차, 크레모나에서, 그리고 후에는 밀라노에서도 가공했다.

11세기부터 루카는 견직물 생산의 중심지였다. 여기서는 견사를 꼬는 기계를 발명했다. 이 기계는 수력을 이용하여 방추 200개를 동시에 가동할 수 있었다. 수백 명의 실 잣는 여성 노동을 대체했다. 정치적인 이유로 망명했던 견직공들은 14세기 초에 루카로부터 이 상품을 베네치아로도 가져왔다.

선대제는 수공업에 확실한 혁신을 가져다주었다. 이 생산 방식에서 경영자는 원재료, 예를 들어 영국, 프랑스, 에스파냐, 그리고 이탈리아에서도 온 양털을 사서, 이것을 여성 임금 직모공에게 양털을 꼬아서 실을 만들게 한 후 건당 임금을 지불했다. 이 꼰 실을 천을 짜기 위한 베틀을 가지고 있는 수공업자에게 넘겨주어 중간 생산물인 원 모직을 생산하게 한 후 다시 건당 임금을 주고 가져왔다. 그리고 이 원 모직을 다시 다른 수공업자에게 주어 정련 과정을 거치게 했다. 경영자는 이 같은 각각의 생산 공정을 자신의 작업장에서 실행하기도 했다. 이런 생산 방식은 자본이 부족한 경제에 적합했다. 상인의 강한 입지는 단지 수공업자의 노동에 대한 선급에서뿐만 아니라, 시장경제에 대한 감각, 그리고 먼 곳에서 원재료를 사와서 완제품을 만들어 원격지 거래를 가능하게 하는 거래망에서 나왔다.

수공업자들은 아주 천천히 지주제적 내지는 농장제적 예속에서 벗어났다. 수공업자 조합〔춘프트(Zunft)〕은 한편으로는 영업과 시장 통제를 위한 지주나 도시주의 강제조합으로 탄생했고, 다른 한편으로는 영업이익을 얻기 위해 일정 규정에 따라 형성된 여러 직업의 자율적 동맹으로 탄생했다. 수공업자 조합은 유럽 전역에, 특히 동종업의 수공업자들이 많이 활동하는 도시에서 형성되었다. 독일에서는 1099년 마인츠에 직조업자 조합이, 1106년 보름스에 어업자 조합이, 1128년 뷔르츠부르크에 제화업자 조합이 있었고, 1149년 쾰른에는 침대보 직조 조합이 생겼다. 춘프트라는 단어는 문학 작품 외에는 처음으로 1226년 바젤 주교좌 성당 주교의 문서에서 가죽 업자들을 위해 사용됐다. 이 단어는 종교적 자선회의 요소를 지니기도 한 라틴어 형제회(confraternia)를 독일어로 번역한 것이다.

주교는 이 문서에서 거의 모든 수공업자 조합의 중심 요소였던 조합 강제(Zunftzwang)에 대해 이야기했다. 조합 강제는 관련된 영업을 하고 싶은 모든 수공업자가 조합에 가입해야 하고 규정을 준수해야 함을 의미한다. 조합원 자격은 가입비를 내야만 얻을 수 있었다. 시간과 더불어 이러한 동업자 동맹은 여러 곳에서 어느 정도의 자율권을 갖게 되었다. 그들은 스스로 규정과 법칙을 만들었고, 가입 조건을 정했다. 그리고 조합은 조합장을 독립적으로 임용했고, 특정 부분에서 조합원에 대한 재판권을 자치적으로 행사했다.

## 화폐 사용의 증대

물물교환경제에서 화폐경제로의 전환은 새로운 천년이 시작하는 기원후 1000년대에 발생했다는 주장이 대세다. 동전 사용의 증가는 전체 경제발전의 기초가 되었다. 독일 제국에서는 오토 3세(983~1002)가 은으로 된 작센 페니와 오토-아델하이드 페니를 고슬라와 마그데부르크에서 대량으로 주조했다. 이것은 10세기 후반 하르츠에서 은광을 개발하면서 가능해졌다. 새 은광으로 보주(984)와 슈바르츠발트(1028) 등지가 거론되었는데 이곳들은 이미 1000년이 되기 얼마 전부터 채굴을 시작했다. 1000년경부터 은은 헝가리의 카르파티아산맥과 부다페스트 북쪽에서 채굴했다. 작센은 단지 금속 동전 분야에서만 경제발전을 위한 초석을 다질 수 있었다. 1040년 이후 작센의 은 생산량이 극적으로 감소했다. 그리고 은의 부족은 북해와 동해에서의 상업을 퇴보시켰다.

이후 다음 호경기는 1168년 마이센의 프라이베르크(Freiberg) 은광이 가져왔다. 그곳은 13세기 중엽 이후로까지 유럽의 은 공급을 지배했다. 1125년에서 1130년까지 프리자흐(Friesach) 페니를 주조했다. 1188년 이후로 보헤미아 미즈(Mies) 광산에서 은을 채굴했고, 동에르츠산맥의 디폴디스 숲(Dippoldiswalde)에서 1180~1240년에 많은 은광이 있었다는 것이 증명되었다. 1220/1230년에 시작된 보헤미아와 모라비아 경계 지역의 이흘라바 은광은 아주 중요한 곳이었다. 트리엔트(토렌토), 토스카나에 있는 몬티에리(Montieri)와 마사 마리티마(Massa Marittima), 사르데냐섬 및 케른텐의 라반트(Lavant) 계곡도 13세기의 중요한 은광지대였다. 12세기와 13세기에 화폐경제가 활성화하면서 삶의 모든 영역이 상업화되었다.

은화를 측량하는 단위는 11세기에 기존 측량 단위인 파운드에서 마르크로 변했다. 이러한 은의 무게는 857년 영국에서, 1015년 독일에서, 1080년 프랑스에서 각각 처음으로 확인된다. 모든 지역마다 나름의 은 마르크가 있었는데, 페니의 일정 수량을 찍어낸 기준 무게는 지역마다 달랐다. 그리고 주조된 페니도 단지 동전 위의 모양뿐 아니라 합금 방법과 은의 함유량 및 무게도 달랐다.

시장경제와 거래의 활성화로 단위가 더 높은 동전이 필요해졌다. 1193/1194년에 베네치아는 처음으로 24페니 혹은 2실링짜리 은화를 만들었다. 이러한 2실링이나 1실링짜리 고액 은화를 그로수스(grossus)라 불렀다. 1237년 피렌체 시는 12페니, 즉 1실링짜리 그로수스를 주조했다. 1242년 이후 루카 및 베네치아의 그로수스도 무게와 순도가 같았다. 13세기 중엽부터 많은 이탈리아 도시들은 나름의 동전을 주조했다. 1266년 프랑스의 12페니짜리 그로 투른와(gros tournois)는 유럽의 그로센(groschen) 주조의 전형이 되었다. 중세 후기 1300년경 보헤미아 왕 벤첼(Wenzel) 2세가 만든 보헤미아 그로센이 가장 널리 사용되는 은화였다. 이는 쿠트나호라에 있던 은광 덕분이었다. 보헤미아 은화는 상품 거래를 통해 레겐스부르크, 뉘른베르크, 프랑크푸르트와 쾰른을 거쳐 네덜란드로, 그리고 계속 플랑드르, 브라반트와 영국으로 건너갔다.

금화는 중세 중기에 이미 에스파냐에서만 사용했다. 11세기 이래로 이어졌던 이슬람 정벌로 인한 약탈과 조공으로 에스파냐에 금이 유입되었다. 북아프리카의 금들도 알메리아와 마요르카의 유대인 중개로 에스파냐로 들어왔다. 유대인들은 마그레브에서 금을 사서 에스파냐에 와서 은을 받고 팔았다. 이것은 굉장히 이윤이 많이 남는 장사였다. 유럽에서는 고대 후기 이래로 은과 금의 가치가 1 대 8에서 1 대 12로 유동적이었으나 북아프리카에서는 단지 1 대 6이거나 때에 따라서는 1 대 3이었기 때문이다.

금은 에스파냐 기독교 지역의 농산물 거래에서 점점 많이 화폐로 사용되었다. 카탈루냐에서는 금이 970년 처음으로 등장하여, 1000년경 거래의 30퍼센트, 1020년에는 거래의 절반 이상에 사용할 만큼 발전했다. 11세기 전반기에 바르셀로나는 금화를 주조했다. 1153년 이래로 예루살렘 왕은 수단에서 이집트로 오는 금을 통제했다. 이 조치로 에스파냐의 금 중개업이 타격을 받았다. 그 후로 수단의 금은 시칠리아, 발레아레스제도, 랑그도크를 거쳐 유럽으로 들어왔다.

13세기 전반기에 유럽의 다른 지역에서도 금화를 사용함으로써 금은화 양본위제도로 돌아갔다. 1252년 제노바는 금화 제노비노(genovino)를 주조했다. 그 가치는 은으로 240페니, 곧 1파운드였다. 측량 단위인 파운드를 동전으로 주조하려고 했다. 이로써 금과 은은 부동의 교환 관계를 가지게 되었지만, 가격의 서로 다른 변화로 그것을 잘 유지하기 어려웠다. 이 같은 금은화 양본위제는 후기 중세에 큰 문제를 야기했다. 그것은 금과 은의 관계 때문이었다. 제노비노를 유통한 지 몇 달 안 되어 플랑드르의 굴덴(gulden)을 주조했다. 굴덴은 오랫동안 유럽의 주거래 화폐로 사용되었다. 여러 도시와 화폐 주조자들은 굴덴을 모방했다. 1284년 베네치아는 유명한 금화 두카토(ducato)를 주조하기 시작했다. 이탈리아의 금 자산은 자신들이 보유한 금에서 나온 것이 아니라 거래의 결과였다. 대부분의 금은 여전히 서아프리카에서 베네치아로 왔다.

프랑스는 1311/1313년 20솔리두스, 즉 1파운드 투른와짜리 금화 무통(mouton)을 만들었다. 독일 지역에서는 보헤미아 왕 요한 폰 룩셈부르크가 고유의 금화를 만들도록 했다. 1328년에는 헝가리 왕 카를 로베르트 폰 앙주가 이를 뒤따라 했다. 1320년경 당시 헝가리 왕국에 속했던 슬로바키아의 크렘니차에서 약탈한 금으로 헝가리는 금의 양적 증대를 꾀했다. 신성로마 제국에서는

1330년경 유덴부르크(Judenburg)에서 알베르트 2세 공작(1330~1358) 때에 굴덴을 주조했다. 영국은 금화를 1344년에 처음 주조했다. 14세기 전반기에 금화 주조는 특별히 돈벌이가 되었다. 14세기 초부터 금화의 가치는 은화와 비교해서 빠르게 증가했는데 교환 비율이 1 대 10에서 1 대 20.9까지 올라갔다. 14세기부터 라인 지역의 선제후들이 주조했던 라인 굴덴이 제국 내에서는 이와 같은 경향을 띠었다.

## 신용

십자군의 채비와 지중해 무역의 증가로 신용거래의 필요성이 대두했다. 그러나 시간과 장소에 따라 정도의 차이는 있었지만, 세속법의 지지를 받았던 교회법은 근본적으로 이자를 금지했다. 이것은 중세 신용기관의 법 형성에 영향을 미쳤다. 사람들은 형식적으로 법적 요건을 만족시키려 했고 허용되지 않은 대출이자를 허용되는 거래를 통해 받으려 했다. 예를 들어 토지 담보신용이 이를 잘 설명해준다. 이자를 받기 위해 채권자는 채무자의 비옥한 토지를 담보 형식으로 보유한 후 그것을 경작하여 얻는 수확으로부터 이자를 취했다. 12세기에 이자는 비정상적으로 올랐다. 귀금속과 화폐를 많이 가지고 있던 수도원과 교회는 이것들을 십자군에게 이자를 조건으로 빌려주었다.

그러나 1163년에 교황 알렉산더 3세(1159~1181)는 이자를 금지했고, 13세기를 거치면서 세속 법이 이를 더 강하게 통제하자 지대 판매와 재구매권의 판매와 같은 다른 형태의 대체 거래가 성행했다. 채무자(판매자)는 자신의 토지를 채권자(구매자)에게 넘겼다. 이런 방식으로 구매자는 이자 금지 조치를 피해 산 토지로부터 나오는 수익을 이자로 챙길 수 있었다. 구매자는 산 토지에서 나오는 수확으로 법을 어기지 않고 이자 수익을 누릴 수 있었고, 판매자는 일정 기간 내에 원래 가격으로 재구매할 수 있는 권리를 가졌다. 이와 같은 토지의 구매와 재구매는 단지 형식일 뿐 채권자는 채무자에게 약속된 가격으로 되팔 것을 보장하고 구입한 토지에서 나오는 지대로 이자를 받았다. 이러한 지대 구매로 구매자는 빌려준 일정한 금액(예를 들어 100굴덴)에 대해 산 토지에서 나오는 정해진 지대(예를 들어 5굴덴)를 판매자로부터 받는 셈이었다. 중세 작가들의 학설에 따르면 이것은 법적으로 허용된 구매 행위, 즉 지대 구매자가 지대 인수권을 사는 행위였다. 이와 같은 사실은 구매자의 반환 약속이 없었던 점으로 미루어 알 수 있다. 즉, 구매자의 반환 약속 부재는 판매자가 제시했던 금액을 반환받을 수 없음을 의미하는 것이었다.

## 상업 호황('상업혁명')

상업의 호황은 농촌 경제의 호황에서 유래했다. 농촌 경제에서 초과생산은 이차 산업과 삼차 산업의 발전, 도시의 호황, 수공업의 호황, 상품 수요의 증가로 이어졌다. 중세 중기의 상승 국면은 원격지 무역 증가의 내생적인 결과가 아니라 농촌 경제의 번영에 근본 원인이 있다. 당시 유럽보다 더 많이 발전한 이슬람 지역의 노예 수요와 목재, 철 같은 원료 수입과 공업 생산물 및 무기 수요만이 결정적인 것이 아니었다. 농촌 경제는 여러 방법을 통해 작동했고, 이것이 상업혁명을 이끌었다.

국내 거래의 호황은 무엇보다도 시장과 세관의 증가로 확인된다. 《둠즈데이북》에 따르면 1086년에 단지 60개의 시장이 있었다. 150개의 연시장(Messe)과 많은 주말 장들이 12세기에 새로 증설되었다. 농촌시장에서는 농업과 축산업 생산물을 공급했다. 해상무역의 증가는 항구와 세관의 증가를 통해 가늠할 수 있다.

1204년 영국의 35개 항구에서 단지 5개월 동안 거둔 관세 수입은 4958파운드였다. 이를 통해 통관한 실제 물건의 가격이 대략 7만 5000파운드였음을 알 수 있다. 이것은 《둠즈데이북》에 기록된 모든 지주의 토지 가격과 같은 액수다.

지중해 무역은 누구보다도 이탈리아 해안 도시 출신의 상인들이 적극적이었다. 10세기에 베네치아 상인들은 양념, 비단, 상아와 같은 동방의 사치품을 수입했고, 유럽에서 생산한 철, 배 만드는 목재, 노예를 수출했다. 자기들의 자체 생산물로는 소금과 유리 제품을 팔았다. 초기 원격지 무역의 중심은 아말피였다. 그 당시 아말피의 위상은 독보적이었다. 996년 카이로에서 기독교도에 대한 현지인들의 민족적 저항으로 아말피 출신의 상인들이 수백 명 죽었을 때 손해만 9만 디나르(dinar)였는데 이 가치는 금화 400킬로그램에 해당하는 양이었다. 남부 이탈리아의 원격지 무역의 중심지는 나폴리, 가에타, 살레르노, 바리였다. 북쪽의 피사, 제노바 등의 해안 도시는 정기적인 이슬람의 습격을 막아냈을 때 비로소 원격지 무역으로 호황을 맞이할 수 있었다. 그들은 1016년 사르데냐에서 이슬람교도를 몰아내는 데 성공했다. 1087년 피사, 제노바, 아말피의 배로 구성된 선단이 교황 빅토르 3세의 축복 아래 오늘날 튀니지에 있는 이슬람 도시 마디아

(Mahdia)를 습격하여 그곳을 약탈하고 상업권을 강요했다. 이것은 이슬람의 칼리프가 기독교도들에게 자신의 허락 없이는 판자 한 쪽도 바다로 보낼 수 없다고 호언장담했던 시절이 지나갔음을, 지중해의 권력 관계가 변화했음을 보여준다. 사라센의 공격 종말과 권력 관계의 변화는 유럽 상업혁명의 중요한 조건이었다.

1096년 1차 십자군 원정이 결정적 돌파구 역할을 했다. 십자군은 성지를 육로로 걸어서 갔지만, 제노바 사람들은 보급품을 바닷길을 통해 안티오키아로 보냈고, 대가로 상업 특권을 얻었다. 제노바는 그 후 레반테(Levante)에 식민지와 상관(fondacchi, 商館)을 짓기 시작했다. 당시 상품의 움직임은 삼각무역 형태를 띠었다. 이탈리아의 아말피, 베네치아, 후에는 제노바와 팔레르모에서 이집트로 노예, 철, 목재를 수출해서 대가로 금을 받고 이 금으로 비잔틴의 비단, 가죽, 자포(紫袍), 이집트와 레반테의 면화를 수입했다. 11세기에 베네치아는 비잔틴 제국의 황제 특권을 바탕으로 지중해 동쪽, 즉 라오디케아, 안티오키아, 타르수스, 에페소스(Ephesos), 키오스, 포카이아(Phokaia), 이라클리온, 아드리아노폴리스, 살로니키(Saloniki), 아테네, 코르푸 등에 식민지를 건설했다. 이런 거점 지역을 배경으로 베네치아는 11세기 말까지 지중해의 비잔틴 지역 해상운송에서 거의 독점적 지위를 유지할 수 있었다.

지중해에서 이탈리아의 패권이 독보적인 가운데 남프랑스의 몇몇 도시도 이런 움직임에 동참했다. 1136년 마르세유가 아크레에 자신들의 식민지를 만들었다. 10세기 말엽 이후로 양념과 비단은 동방으로부터 에스파냐의 카탈루냐로 수입되었다. 훗날 카탈루냐의 항해도 지중해에서 중요한 역할을 했다.

칭기즈칸의 정복은 13세기 초에서 14세기까지 몽골의 평화(Pax Mongolica) 시대를 가져왔고 이와 함께 비단길을 통해 아시아 내부로 가는 것이 상대적으로 안전해졌다. 이에 대한 대표적인 증거가 마르코 폴로의 중국 여행과 칸과 함께한 경험에 관해 쓴 견문록으로 남아 있다. 카라반 무역은 비단, 후추, 생강과 여러 양념, 보석, 가죽, 양탄자 등을 서양으로 가져왔고, 유럽에서는 은, 양모, 면직포, 말 등을 오리엔트로 가져갔다. 남중국에서 인도양을 거쳐 페르시아의 걸프만으로 해서 아프리카로 가는 항로도 생겼다.

## 한자동맹의 시작

지중해와 비견될 지역은 유럽의 북해와 동해였다. 9세기 말 스칸디나비아인들은 약탈을 위한 항해를 상거래를 위한 것으로 전환했다. 그들은 매년 키예프의 얼음이 녹을 때 드네프르강을 거쳐 흑해로 가서 콘스탄티노플까지 해안을 따라갔다. 그들은 그곳으로 꿀, 털가죽, 노예를 상품으로 가져갔고, 양념, 비단, 금 가공품 등과 함께 심지어 포도주도 가져왔다. 그들은 카스피해를 건너 무엇보다 노예에 관심이 많았던 바그다드 칼리프와 거래를 하곤 했다. 노르웨이인들은 영국과 활발하게 무역했다. 노르웨이인과 덴마크인들은 1122년 브레멘과 위트레흐트에서 확인되는데, 그들은 쾰른은 물론 아마도 플랑드르와 노르망디까지 무역했을 것이다. 그들은 생선, 가죽, 모피, 가염 버터, 건축 목재 등을 거래했다. 11세기에 동해에서 고틀란드 마을 사람들의 역할은 아주 중요했다. 그들은 스웨덴과 러시아로 향했는데 노브고로드에는 상단을 설치하기도 했다. 그들은 플랑드르의 직물을 가져가서 털가죽, 양초 등 동방의 상품을 가져왔다.

1000년경에 마스 지역, 즉 리에주, 위이(Huy), 니벨(Nivelles)에서 온 상인들이 런던의 에셀레드(Ethelred) 왕의 관세율 기록에서 확인된다. 에셀레드 2세는 틸, 쾰른, 브레멘에서 온 상인들을 보호하기 위한 문서를 발행했다. 1130년 쾰른 상인들은 런던에 거주권을 얻었고, 자신들의 길드 사무소를 설치했다. 쾰른 상인들은 라인강 유역에서 생산한 포도주와 금속 제품 등을 영국에 가져왔고, 양모, 금속, 식료품을 가져갔다. 12세기에 플랑드르의 직물 거래로 프랑드르의 영국과의 무역이 활성화되었다. 위상(Wissant), 브뤼헤(Brügge, 브뤼주), 아르덴부르크(Aardenburg) 출신 플랑드르 상인들은 영국으로 가서 플랑드르산 직물을 팔고, 돌아갈 때는 영국산 양모를 가져가서 직물로 가공했다. 이를 통해 영국의 양 축산업과 플랑드르의 직조업은 경제적 공생관계가 되었다. 가장 오래된 1279/1280년의 관세에 따르면 양 600만 마리에 해당하는 양털 2만 5000자루를 영국에서 수출했고, 14세기 초에는 매년 900만 마리 이상의 양에서 생산한 양털 3만 5000자루를 수출했다.

한자는 같은 목적지로 향하는 원격지 상인들의 단체를 의미한다. 먼저 1157년 헨리 2세 왕에게 특권을 받았던 영국행 쾰른 상인을 들 수 있다. 스칸디나비아에서 온 원격지 상인을 통해 형성된 동해와 서·중 유럽을 잇는 상업망은 12세기 말에 독일의 상인들이 고틀란드행 무역상의 손님 자격으로 노브고로드와의 무역을 가능하게 했다. 서유럽에서는 슐레스비히행 소에스트(Soest) 상인 조합과 쾰른에 있는 덴마크 상인 조합이 형성됐다. 후에 1158/1159년에 설립한 뤼베크가 베스트팔렌과 동해 사이의 상업망의 중심축 노릇을 했다.

13세기 초에 형성된 고틀란드행 상인 조합에 뤼베크, 베스트팔렌, 작센 상인들이 동참했다. 이들은 1203/1209년 덴마크 왕 발데마르(Valdemar) 2세로부터 상업자유권을 받아 노브고로드, 플로츠크(Plozk), 비쳅스크(Witebsk), 스몰렌스크, 다우가바(Daugava)강 동쪽의 리가, 스웨덴의 스코네(Skåne)로까지 무역을 했다. 발데마르 2세는 1225년 바르도빅(Bardowick)의 계약서에서 독일 도시들에 완전한 상업자유권을 주어야만 했다. 독일은 스톡홀름과 베르겐을 중심으로 한 북쪽의 새로운 거점과 더불어 무역을 확대해갔다. 서부 유럽에서는 1252년 플랑드르의 여자 백작 마가렛이 독일의 상인들에게 자신의 영지, 특히 다메(Damme)와 브뤼헤에서 상업자유권을 주었다. 브뤼헤는 중요한 시장이었는데 이곳에서는 지중해의 상품인 플랑드르 천과 영국의 양모가 팔렸다. 한자의 상인들은 이곳에서 바닷소금을 사서 동해 지역에 팔았다. 고정적인 무역사무소를 서유럽에서는 브뤼헤와 런던에, 북유럽에서는 노브고로드와 베르겐에 설치했다.

## 샹파뉴 연시장

샹파뉴의 백작령에서는 12세기 초에 정기적으로 연시장이 열렸다. 이곳은 1180년경부터는 무역의 중심지가 되어 플랑드르와 프랑스 상인들이 가져온 직물과 양모, 이탈리아와 프로방스의 상인들이 가져온 남유럽의 가죽, 지중해의 양념과 사치품이 거래되었다. 이탈리아 사람들이 발전된 지급 방식을 들여오면서 연시장은 가장 유력한 국제금융의 중심지가 되었다. 시장은 일 년에 여섯 번, 1월부터 11월까지 라니(Lagny), 바쉬르 오브(Bar-sur-Aube), 프로뱅(Provin), 트루아 시를 순서대로 돌아가면 도시마다 거의 50일 동안 열렸다.

모든 연시장은 모든 것이 비슷하게 돌아갔다. 8일간의 개장 준비 후 10일은 직물을 팔고, 11일은 가죽 제품, 다음 19일은 무게로 달아 파는 물건을 판매하고 결산을 했으며, 다음 4일은 계산서와 연시장용 신용장(lettre de foire)을 썼다. 12세기 말에 상인들은 자신이 직접 가지 않고 완전히 위임하거나 동업자를 내세워 참가했다. 그들은 마부들(vectuarii)을 시켜 동물이 끄는 운송 수단을 몰고 이탈리아의 육로로 몽스니를 거치거나 마르세유에서 바로 샹파뉴로 가게 했다. 피렌체, 제노바, 시에나, 그리고 다른 도시들의 소식통들은 짐의 이동 소식을 빠르게 전했다. 이런 거래는 현금 없이 대개 신용으로 이루어졌다. 모든 시장에서 장을 마칠 때는 신용을 정리하고 그 대가로 결산을 한 어음을 발행했다.

백작들의 연시장에 대한 정책은 상업의 호황을 도왔다. 백작은 이미 1170년 이후 법률과 경찰 업무를 수행하는 시장 치안경찰(gardes des foires)을 임명했다. 이들은 1220년대에는 시장이 열리는 동안 법원에서 계약관계를 기록하고, 체납자에 대한 법률적 고소도 해결해주었으며, 1260년대에는 벌을 주고, 체포하고, 물건을 몰수할 수 있는 권한을 가지고 있었다. 그리고 1270년대에는 백작의 이름으로 시장에서 맺은 모든 계약을 실행할 수 있는 권한을 주장했다. 법원과 관청의 협업이 이루어지지 않는 도시들에서 온 상인들의 추방 위협과 상인들의 개별적인 추방은 강제 수단으로 작용했다. 추방에 대한 공포는 대체로 잘 작동했다. 1180~1260년에 시장에서의 추방 사례가 단지 두 건만 확인되는 것으로 이를 알 수 있다.

중대 사안을 다루는 최상위 재판권은 백작 스스로가 행사했다. 바이(bailli) 또는 프레보(prévôt)라 불린 백작의 대리인이 1176년 처음으로 확인되는 시장마다에 설치된 목조건물에서 권한을 행사했다. 이 공공 재판소들은 재산권, 조약, 여권을 관할하고 백작이나 트루와 법원(Jours de Troyes), 1285년 후로는 파리 의회(Parlement de Paris)에 제기된 항소를 처리했다. 이 외에도 연시장 도시 네 곳에 공공 재판소 외에도 연시장이 개최되는 도시 네 곳 중 세 곳에 도시 재판소가 있었고, 일처리를 신속하게 하고 여러 차례 교황에게까지 항소를 제기했던 교회 기관의 의미 있는 재판소도 있었다. 시장은 법적 안전장치 외에도 백작 정책의 목적으로 개별 상인 단체에 대한 특권이나 차별 없이 자유롭게 시장에 진입할 수 있게 했다. 백작은 숙소, 창고, 거리, 통행권 등의 좋은 사회 기간시설을 만들기 위해 애썼다.

샹파뉴 연시장은 지배 귀족들의 성공한 경제정책의 대표 사례인 동시에 잘못된 경제정책으로 인해 몰락한 사례다. 왜냐하면 샹파뉴의 마지막 백작의 상속녀가 프랑스 왕 필리프 4세와 결혼한 후, 왕의 정책으로 1285년부터 몇 년 안 되어 샹파뉴 연시장이 파괴되었기 때문이다. 플랑드르와의 전쟁, 시장과 전 프랑스에서 플랑드르 상품 압류 및 플랑드르 상인의 추방, 이탈리아 상인에 대한 높은 세금과 체포, 양모와 프랑스에서 반가공한 모직의 수출 금지 등의 조치는 시장을 파멸로 이끌었다. 자산과 계약에 대한 보장은 더 이상 지켜지지 않았다. 자유로운 시장 진입 대신에 단체별로 특권과 차별이 지배했다. 몰락은 1290년대에 시장 수입의 급격한 감소에서 확인된다. 14세기 중엽까지 연시장은 지역적인 장소로 격하되었다. 이러한 몰락은 대략 1315년 이후 중요한 유럽 전쟁으로 가속되었다. 반면에 파리 콩피에뉴의 랑디(Lendit) 시장과의 경쟁, 그리고 1290년 이후 이탈리아와 플랑드르 사이의 새로운 항로 경쟁은 샹파뉴의 발전에 특별한 영향을 미치지 못했다.

## 원격지 무역의 새로운 시작

이탈리아의 무역업자는 새로운 연합을 만들어 자신들의 자본을 늘리면서도 동시에 위험도 낮추려고 했다. 집에 머무르고 있는 자본가(commendatorii 혹은 socii stantes)가 탁신(commenda)의 형태로 사업에 참여해 일정액의 이익과 손해를 나누고 시설에 대한 위험에 대해서도 제한된 책임을 지는 것이었다. 이러한 탁신은 국내 거래에도 적용되었다. 이렇게 모든 사람이 적은 자본으로도 원격지 무역에 참여할 수 있었다. 사업에 쉽게 참여하기 위해서 특히 제노바에서는 무역선에 대해 부분 소유권을 같은 참여증(partes, sortes, loca)으로 발급했다. 이 참여증은 누구나 필요한 만큼 살 수 있었고, 다른 이에게 팔거나 저당 잡힐 수도 있었다. 그리고 투자 자본으로 출자할 수도 있었다.

상인들은 나쁜 일이 벌어졌을 경우 다 잃어버릴 가능성이 있는 배 전체를 소유하는 것이 아니라, 배 여러 척을 부분적으로 가지고 있어서 자신에게 발생할 수 있는 위험을 분산할 수 있었다. 베네치아의 일상적인 콜레간자(colleganza, 회사)가 이와 비슷하게 작동했다. 상인은 스스로 상품을 싣고 팔러 갈 때 자본을 같이 투자할 여러 명의 동입자를 구했다. 베네치아에 거주하는 상인들은 자신들의 편에서 10명, 20명의 동행할 수 있는 상인들과 그러한 콜레간자를 만들어 각자의 위험을 나누었다.

관심을 두고 살펴볼 일은 여행을 하는 원격지 상인에서 정주하는 원격지 상인으로의 변환 과정이다. 긴 시각에서 보면 상업 활동과 운송이 분리되었고 많은 상업 중심지에 본점과 지점을 둔 새로운 무역의 형태가 만들어졌다. 13세기 말엽 이탈리아의 상인들은 파리, 런던, 브뤼헤와 같은 주요한 상업 거래 장소에 반영구적으로 자리를 잡았다. 이 이탈리아 상인 중 일부는 독립적이었고, 일부는 상관의 대행자였다. 이들은 당시 사환의 서신 왕래를 통해 사무를 처리할 수 있었다. 이와 같은 방식으로 회사 본점과 확실한 지점으로 구성된 상업 시스템이 생겼다. 거래지에 정주한 것과 함께 베네치아에서는 위탁을 중심으로 한 새로운 시스템이 발전했다. 즉 베네치아의 원격지 상인들은 많은 경우 국가의 배로 자신들의 상품을 특정 지역에 있는 위탁인에게 보냈다. 이 위탁업자는 이 물건을 가능한 한 비싸게 판 후 수익금으로 주문대로 다른 상품을 최저 가격으로 사서 보냈다. 위탁의 대가는 대개 판매 수익의 2퍼센트, 구매 물건가의 1퍼센트였다.

이러한 제삼자 무역에 대한 보험은 제노바 사람 베네데토 차카리아(Benedetto Zaccaria)가 1298년 처음으로 현실화했다. 물론 매우 불확실한 형태이긴 했다. 보험료를 지급한 최초의 보험은 1350년 베네치아에서 그리고 한 제노바인에게서도 확인된다. 어음 협약은 '개척적 혁신(Pionier-innovation)'이라고 볼 수 있었다. 사람들은 한 지역의 환전 상인에게 그 지역의 화폐를 다른 지역의 화폐로 바꿀 수 있었다. 이러한 아직 미비된 어음 협약은 제노바에서 이미 1180년대에 확인되지만, 완성된 제노바의 어음 협약은 1192년 프랑스의 라니 연시장에서 확인된다. 같은 시기에 위장 어음(cambium siccum)도 확인된다. 이것은 고리대금 금지를 우회하기 위해, 실제 상품의 교역 없이 단지 빚을 받기 위해 발행했다. 원래는 공증인을 통해서 법적 형식을 갖추어 발행했던 어음 협약과 샹파뉴 연시장용 신용장이 14세기 이탈리아 상인들의 자필 어음을 대신했다. 이것은 많이 싸고 빠르며, 거래 비용을 절약하는 방법이었지만 거래 도시의 영업 상대방이나 대리인과 정기적인 교류로 신용이 있어야만 가능한 일이었다. 어음 사용은 먼 지역에서의 지급을 위해 현금을 이송할 필요가 없게 했다.

상업은행은 환전을 위해 설립했다. 환전상은 누군가가 자신들에게 예금한 돈을 가지고 이 일에 종사했다. 1300년경 베네치아 사람들은 처음으로 진짜 은행을 설립했다. 다른 환전상들과 마찬가지로 베네치아의 환전 장소 리알토 광장(Piazza di Rialto)의 환전상들도 예치금을 받았다. 예금자의 관심은 예금의 대가로 이자를 받는 것이 아니라 현금 없이 거래하는 것이었다. '예금은행(Banchi di scritta)'은 당좌 계좌에서 다른 당좌 계좌로 돈의 움직임을 기록하면서 지로 거래를 가능하게 했기 때문이다. 이 은행은 자주 고객이 예금 한도를 초과해서 쓰도록 했다. 이와 같은 당좌 대월을 통한 은행의 예금통화 형식으로만 지급하는 순수한 장부화폐(Buchgeld)가 만들어졌다. 대략 13세기 말엽부터 베네치아의 은행에는 세련된 부기를 사용했기에, 모든 고객이 차변과 대변을 가진 당좌계좌를 가지고 있었다. 당시 복식부기를 아직 사용하지는 않았으나, 이 시기에 이미 발전해 있었던 것으로 보인다.

## 대양무역의 새로운 시작

1270~1300년에 나침판과 정교한 항해 지도를 이용하면서 지중해에서 대양으로의 무역이 어려웠던 겨울 시기가 10월에서 3월까지에서 11월 중순에서 1월 중순까지로 줄어들었다. 근동 지방을 향하는 베네치아 선단이나 제노바, 피사의 배는 일 년에 두 번 항해할 수 있게 됨으로써 화물은 두 배로 운송하고 선원들은 더 오래 일할 수 있었다. 나침반은 지중해에서 에스파냐를 돌아 영국과 네덜란드로 가는 안전한 항해를 가능케 했다. 이와 대조적으로 북해와 발트해에서는 나침반이 큰 도움이 되지 않았다. 이와 같은 평탄한 해양에서 항해할 때는 항로가 전통적으로 해저에 맞추어져 있어서 해저까지의 깊이를 일종의 다림추로 재고, 바닥 흙을 끌어 올려 해저 상태를 파악한 후에 항해했기 때문이다.

이러한 논리적인 요구 조건에 의해 대량상품의 무역 거래가 막히자 더 큰 배를 만들었다. 그에 따라 물건의 최종 가격에 대한 운송비가 몇 퍼센트 감소했다. 처음에 이탈리아에서는 운송비를 부피와 무게에 따라 받았으나 이 방식을 버리고 물건의 가치에 따라 받았다. 물건의 가치로 운송비를 받는 방식은 1299년에 처음 확인되는데, 같은 무게의 화물에 대해 가장 비싼 물건은 가장 싼 물건에 비교해 네 배 비싼 운송비를 내야 했다. 1308년 메시나의 운송비는 벌써 두 배에서 열 배까지 격차가 났다.

## 교회의 반응

교회는 화폐경제로의 변화를 처음에는 거부했으나 점차 방어적으로 반응했다. 교회법에서는 11세기 중반부터 고대 말기, 중세 초기, 카롤링거 시대의 이자 금지와 상업에 대한 부정적 인식이 여전히 팽배했다. 2차, 3차 라테란 공의회는 1139년과 1179년 이자 소득자에게 불명예를 씌우고, 교회에서 추방하고, 교회의 장례 절차를 따르지 못하게 함으로써 위협을 가했다. 알렉산더 3세에서 그레고리우스 9세(1227~1241) 시기까지 교황의 이자에 대한 가장 강력한 법령이 나왔다. 사안마다 확실하게 다시 쓴 거래 형식들로 법령은 늘어났다. 1163년은 기탁금을 포함한 저당 규정, 1173년과 1185/1187년은 신용 구매와 외상 구매에 더 높은 가격을 매기는 규정, 1227/1234년에는 항해를 위해 대출하는 규정 등이다.

이자 금지 조항은 당시 수도원의 규정에도 적용했다. 수도원이 채권자로서 매우 중요한 역할을 했기 때문이다. 교회는 유대인 채권자들을 강하게 질책했다. 1145년 교황 에우게니우스 3세는 2차 십자군 전사의 재정적 어려움을 고려해 유대인에게 갚을 이자를 면제해주었다. 유대인의 경제적 기생에 대한 이야기는 유대인에게 큰 빚을 지고 있던 클뤼니 수도원의 원장이었던 페트루스 베네라빌리스(Petrus Venerabilis)의 편지로 알려졌다. 그는 프랑스 왕 루이 3세에게 2차 십자군 전쟁의 재정 확보를 위해 유대인의 재산을 몰수할 것을 조언했다. 이렇게 험악해진 반유대인 감정은 1215년 4차 라테란 공의회에서 유대인에 반대하는 법령집을 제정하도록 했다. 거기에는 많은 이자를 강요하는 유대인과 기독교인의 교류를 금하는 법이 있다.

교회의 지지에 힘입어 세속 군주들은 유대인에게 진 빚을 갚는 것에 반대했다. 에프라임 바 야콥(Ephraim bar Jacob)의 히브리어로 된 자료에 의하면 루이 7세는 프랑스에서 온 십자군 전사들이 유대인에게 진 빚을 감해주었다. 동시에 그는 유대인에게 모든 이자를 포기하고 스스로 일해서 살라고 했다. 필리프 2세(Philippe Auguste) 왕은 1182년 프랑스의 왕국령에서 유대인들을 추방하고 전사들이 그들에게 빌린 돈을 몰수했다. 이처럼 유대인에게 진 빚을 주기적으로 탕감하는 것은 재정정책상 한편으로는 사면이었고, 다른 한편으로는 국고를 늘리는 방안이었다. 땅이 없던 영국 왕 존은 1210년 노르망디에 있는 유대인의 재산을 몰수했고, 에드워드 1세는 1284년에 영국에서 유대인이 돈놀이하는 것을 원칙적으로 금지했다. 그리고 1290년 유대인은 영국에서 쫓겨났다. 유대인의 자리에 이탈리아 채권자들이 들어왔다. 그 후 유대인의 돈놀이에 대한 이런 대책들도 변하여 이자상한제를 예외적으로 승인했다.

유대인과 아주 비슷하게 카오르에서 온 기독교도 대출업자와 롬바르디아 출신 이탈리아인은 이자를 붙여 대출해줬다. 그러나 그들 또한 때에 따라서는 몰수되고 추방되었다. 1274년 리옹 공의회는 세속 당국에 그들 지역에 있는 외부인 대출자, 즉 이탈리아인과 카오르인에 대해 인내하지 말라는 훈령을 내렸다. 1311/1312년 비엔 공의회에서는 몇몇 도시가 고리에 시달리고 있으며 채무자는 지불을 강요받고 있다고 비판했다. 이러한 법을 지양할 것을 지시하며 이자 받는 것이 죄가 안 된다고 주장하는 이는 이교도라고 했다. 그런데도 이자 금지령이 수세에 몰리자 교회는 빌린 돈에 대해 이자를 허용하는 교리들을 체계화하여 실제로 이자를 합리화했다. 이자를 받는 일은 위험과 불확실성은 물론 실제로 손실을 보거나 장차 생길 수 있는 잠재적 손실에 대한 보상이고 돈을 다른 곳에 투자했을 때 생길 이윤에 대한 보상이었다. 연체에 대한 채권자의 권리는 채무 연체에 대한 벌금을 가능하게 했다. 채무 때문에 부역해야 한다면 임금을 요구할 수 있었다. 그 외에도 제후나 지주가 돈을 빌려주고 생긴 이자는 사치품 증가에 기여했다.

교회는 상거래와 상인에 대한 편견을 포기했다. 13세기에 스콜라 철학자들은 상인이 상품을 비축하고 있기 때문에 상품이 넘치는 곳의 상품을 상품이 부족한 곳으로 가져갈 수 있다고 상거래의 장점을 주장했다. 그리고 상인은 노동, 경비, 위험에 대한 대가를 받아야 한다고도 생각했다. 다른 한편으로는 누군가 자신의 돈을 상인에게 빌려주어 이 돈이 이윤을 내는 곳에 쓰였다면 그도 위험을 감수하는 한 이윤의 일부를 가져가는 것이 정당하다고 토마스 아퀴나스는 생각했다. 그러나 바가지요금으로 너무 높은 가격을 받는 행위는 엄격하게 금지했다.

# 4

# 중세 후기

## 마비, 위기, 새로운 시작

이 시기의 경제 위기는 오랫동안 중세 후기의 전형적인 모습으로 여겨졌다. 기후의 악화와 토지의 과도한 사용 때문인지 알 수는 없지만, 13세기 말에 이르자 출생률 감소로 인한 인구의 정체, 흉년과 기근, 높은 사망률이 나타났다. 곳곳으로 빠르게 번진 1348년 페스트의 엄습은 인구를 깜짝 놀랄 만큼 격감시켰다. 또 다른 전염병들도 감소한 인구의 회복을 늦추는 요인이었다. 그 결과 곡물의 초과 공급으로 가격이 내려갔고, 노동력 부족으로 임금과 공산품 가격이 올라갔다. 가격과 임금 사이의 격차가 벌어졌다. 농부, 지주, 판사, 제후 및 교회의 소득이 다 줄었다. 곡물 재배도 줄었다. 무엇보다도 중요치 않은 농지의 사용을 포기했기 때문에, 지속하는 경작지의 생산성이 향상했다. 이는 다시 곡물의 초과 공급을 만들어 가격을 떨어뜨렸다.

마르크스주의적 관점에서 보자면 농민의 지주에 대한 인신적 종속으로 농민이 생산한 부가가치를 지주가 빼앗아갔다. 지주에게 바칠 조세는 좀 적어졌지만 공적 약탈과 전쟁으로 인한 약탈로 농민들은 힘들어졌다. 발명과 혁신은 아직 일어나지 않았다. 이와 같은 생산 여건은 인구 정체를 불러왔다. 1347~1353년의 페스트 창궐은 이미 가난하던 농민들을 덮쳤고, 그들에게 지속해서 참기 어려운 압박을 가했다. 왜냐하면 10분의 1로 줄어든 인구가 짐을 감당해야 했기 때문이었다. 화폐수량설의 추종자들은 보석의 부족으로 인한 동전량의 부족을 경제적 어려움의 원인으로 본다. 유럽에서는 두 차례(1390~1420년, 1440~1460년) 보석 부족으로 물가가 전반적으로 떨어지고, 다시 실물경제가 위축되었다.

최근 연구 경향은 중세 후기가 위기의 시기라는 견해를 점점 더 문제시하거나 확실하게 부정하고 있다. 이처럼 중세 후기가 위기의 시기라는 그간의 주장은 긍정적인 평가를 받지 못하고 있다. 사실 중세 후기의 개혁은 다음 시대를 위한 근본적인 개혁으로 판명되었고, 모든 것이 매우 빨리 변하던 힘든 변화의 소용돌이 속에서도 잘 버텨나간 중세 후기의 대단한 적응 능력이 높이 평가되는 추세다.

작은 규모의 시장들이 분산되어 있고 도시주의 통제 속에 있던 중세 후기의 경제 관계에 거시 경제론을 적용할 수 있는지 근본적인 물음이 생긴다. 최근에 결정적인 이유를 찾는 이론적 통합모형을 폐기하고, 더 정확하고, 순수하게 실증적이고, 단지 부분이론으로 연구하는 지역 연구가 확실히 자리를 잡았다. 이것은 같은 시대를 응집된 전체 그림으로 더 그려내려 하지 않는다.

이런 지역 연구는 이탈리아의 사례에서 많이 발전했다. 일반 연구에서 미시사 연구로 바뀐 것이다. 1347~1353년의 페스트는 인구수와 생존자가 장악한 자원의 관계를 짧은 시간에 많이 변화시켰다. 이후 이어진 전염병은 높은 출산율에도 불구하고 이전 시대의 균형을 회복하지 못하게 했다. 15세기 중반까지 생존자들은 무엇보다 직물과 기본 식량 이외의 식료품을 대량으로 소비하면서 높은 생활수준을 유지했다. 이 같은 인구학적 위기는 다음과 같은 가능성을 열어주었다. 생산에 맞지 않은 땅은 놀리고 지역 특색에 맞게 특화 생산을 하고, 농업에서 수공업으로 바꾸는 것이다. 이런 것들은 무엇보다도 제도적으로 지역마다 다른 시장과 거래에 종속되어 있었다. 이렇게 해서 지역마다 다른 경제발전을 하게 되었다. 또한 원격지 무역은 모든 지역이 특정 상품을 특화하고 지역마다 지역 시장을 열 수 있게 했다.

지배계급과 도시의 경제정책의 영향도 분명했다. 시칠리아와 피렌체가 지배하는 토스카나를 비교하면 잘 알 수 있다. 피렌체와 다른 몇 도시가 토스카나 지역에 요구한 높은 세금 압박과 공출로 토스카나의 농민들은 가난해졌다. 재력은 이처럼 농촌에서 여러 도시로, 끝내는 피렌체로 빠져나갔다. 14세기 후반기에 도시는 그들이 장악한 지역에 강력한 지배권을 가지게 되었고 지배력을 가진 도시의 상류층은 자신들의 이익을 위해 농촌을 착취했다. 농민들은 그들을 불리하게 만드는 시장을 가능한 한 멀리 두려는 현명한 선택을 해야 했다. 그리고 당시 널리 퍼진 메차드리아 계약은 농민이 자신이 경작할 생산물을 바꾸는 것을 금지했다. 생산성은 파종과 수확의 비율이 1 대 4~5에 이르렀다.

피렌체는 1348년 이래로 100년간 먼 지역의 곡물 수입을 강요했다. 독점적 영향을 발휘하던 피렌체의 과두체제는 그들 지역에서 어떤 생산물을 특화하는 것을 막았다. 농촌이나 도시 주변 지역(Contado)의 직물 생산은, 물론 프라토(Prato)의 양모 직조, 페시아(Pescia)의 비단처럼 특화된 경우도 있지만, 경쟁 압박을 받았다. 1348년의 페스트 창궐 이후부터 있었던 원격지 무역의 위축은 기대할 수 있었던 지역경제의 호황은커녕, 오히려 지역경제를 나락으로 몰았다.

시칠리아의 도시들은 비교적 농촌에 압박을 가하지 않았다. 시칠리아의 정치적 분열은 1390년대 아라곤의 정복으로 극복되었다. 왕은 도시의 독점적 현상을 참지 않았다. 시장 통합과 국내 상거래는 관세 혜택, 새로운 연시장과 시장의 설치를 통해 촉진되었다. 곡물은 발디마차라(Vallo di Mazara)에서 원격지 무역을 위해 경작됐는데 수확률이 아주 높아 1 대 10에 다다랐다. 수입품 구매에도 제약이 없어서 시칠리아 동부 지역에 살던 소농들은 포도주, 기름, 목재, 가축과 직물 등으로 자신들의 생산을 특화했다. 비단과 설탕 생산도 15세기에 크게 늘었다. 발데몬네(Val Demone)와 메시나에서 집중적으로 생산한 비단은 농민의 부업으로 생산했다. 이러한 부업과 설탕 생산을 위한 계절노동은 포도주, 기름, 대마, 비단, 직물 등의 지역을 초월한 다양한 생산을 가능케 하는 계기로 작용했다. 도시가 지배하고 있던 토스카나의 농민들이 시장 출입을 할 수 없었고, 마침내 봉건적 부가가치의 약탈로 신음할 때, 시칠리아의 농촌 생산물은 처지에 맞게 유연하게 변경하며 시장에서의 기회를 살렸다. 이러한 비교는 우리에게 제도적 여건이 위기의 발생에 결정적 역할을 한다는 사실을 보여준다. 자원 확보권, 시장과 거래 활동권, 생산 품목 선택권 등에 대한 제도적 통제가 위기를 촉발했다는 것이다.

위기는 이와 같은 관점의 일반화와 더불어 외적 요인으로 인한 인구 감소 때문에 발생한 새로운 파괴 과정으로 이해된다. 지주들이 농민과 임금 노동자에게 수익을 재분배하자 저렴해진 물건의 수요가 증가했다. 행정력이 빠르게 중앙집권화하면서 거래 비용이 줄었고, 농촌에서도 도시의 독점적 지위가 약화했다. 그리고 근로 이민과 기술 이전을 촉진했다. 지역마다 다른 경제적 완성도와 이와 연관된 경제적 성공은 제후, 봉건 지주, 도시와 농촌의 엘리트층 사이의 다양한 권력 관계에 따라 다르게 영향을 받았다. 대안적이거나 추가로 복지를 담보한 수입은 포도주, 고기, 가죽, 양모, 유가공품, 과일, 채소, 대마, 아마 등의 생산을 통한 농업 부문 자체에서, 그리고 직물업과 서비스업 등에서 제도적으로 좋은 조건을 지닌 농촌 생산자를 통해 늘어날 수 있었다. 기업 경영의 자유, 자유로운 시장 진입, 지역 상거래의 활성화는 이러한 발전에 결정적 역할을 했다.

## 몰락 징후의 축적

확실한 사료와 지표는 13세기 말에 인구 증가가 정체되었음을 보여준다. 출산율을 의도적으로 낮추어서였는지, 사망률이 높아서였는지는 확실하지 않지만 많은 지역에서 인구 감소 현상이 무더기로 나타난다. 명백한 사실은 기후가 나빠졌다는 것이다. 중세 온난기의 최적 조건은 1300년경에 끝났다. 영국의 학계에서 1315년경~1320년경의 기간을 "14세기의 첫 번째 경제 위기"라고 명명했는데, 이것은 한편으로는 오랫동안 잘 유지되어온 자원과 인구 사이의 균형을 기울게 하고 바로 뒤이어 다음 위기, 즉 페스트 위기로 치닫게 한 결정적 균열이었고, 다른 한편으로는 우연히 일어난 사건이었다.

나쁜 기후로 인해 모든 곡물의 수확이 1315년부터 3년간 영국에서 40.63퍼센트까지 하락했다. 이는 정상치보다 10퍼센트 낮은 수치였다. 1321년 새로운 흉년이 왔다. 밀 경작에서 수확률이 1270~1300년 평균 1 대 3.75이던 것이 1 대 2.5로 줄었다. 북서유럽의 다른 지역인 스코틀랜드, 아일랜드, 프랑스, 플랑드르도 흉년이었다. 독일에서 1316년의 수확은 재앙이었다. 곡물 가격은 놀랍게 올라갔고 임금은 중세 후기의 최저치로 내려갔다.

그 결과 인구의 10~15퍼센트가 기아와 질병으로 죽었다. 1313~1317년 가축 전염병이 창궐하여 양들이 떼죽음했다. 영국의 양모 수출이 1315/1316년과 1324/1325년 사이에 3분의 1로 줄었고, 다음 10년 동안에도 완전히 복구되지 않았다.

1315~1325년은 북서유럽에 소 페스트가 오랫동안 나돌았다. 영국과 웨일즈에서 1319년 4월부터 1320년 9월까지 황소와 암소의 63퍼센트가 죽었고 농업과 운송에 필요한 동물이 부족해졌다. 영국 지주들이—농민들에게는 불가능한 일이었지만—1319년에 자신들이 가졌던 가축 수를 다시 갖기 위해서는 30년이 필요했다. 이에 따라 지속적인 유제품 부족 현상이 나타났다.

그 당시 목격자들은 1348~1352년의 첫 번째 페스트 발생을 이미 전환점으로 생각했다. 전염병은 1347년 아시아에서 온 제노바의 배에서 시작되었다. 정확히 말하자면 흑해의 카파에서 짐을 싣고 온 배가 병균을 가져왔고, 상업로를 통해 빠르게 전 유럽으로 퍼졌다. 계속 새로운 페스트가 발생했기 때문에 전염병은 무시무시한 성격을 잃어버렸다. 사람들은 거기에 적응했고 그것과 함께 살았다. 당시 사람들의 의식은 이 시기를 하나의 함정으로 보았고, 그곳에서 빠져나와서 반드시 극복해야 할 위기로 이해했다.

## 인구, 임금, 물가

지역에 따라 25퍼센트에서 50퍼센트 이상까지 차이는 있지만 인구가 줄어들었다는 사실은 영국, 프랑스, 이탈리아, 에스파냐(나바라, 아라곤, 카탈루냐)와 사부아의 많은 자료가 입증한다. 연이은 페스트의 발생으로 높은 출산율에도 불구하고 인구 증가가 어려웠던 사실도 잘 밝혀졌다. 신성로마 제국에 대한 자료는 드물고, 항목별로 나타나고 있다.

1350년 브레멘에는 1만 2000명이 살았는데 이름이 밝혀진 페스트 희생자만 6966명이다. 뤼베크에서는 1350년 전체 가구의 25퍼센트에 달하는 1367가구가 페스트로 죽었고, 그다음 1367년 페스트 발생 때는 가구의 16퍼센트가 다시 희생되었다. 북독일에서는 1350년에서 1400년 사이에 10년, 15세기에 다시 16년간이나 페스트가 발생했다. 페스트가 잠잠하던 기간은 14세기 동안 평균 8년 4개월이고, 15세기에는 13년이 조금 더 되었다. 벌써 첫 번째 페스트 발생으로, 지역마다 큰 차이는 있지만 평균 인구의 30~40퍼센트가 감소했다. 전쟁과 대량학살로 인한 서유럽의 인구 손실, 예를 들어 제2차 세계대전 때 서유럽의 인구 손실은 전 인구의 5퍼센트였다. 엄청난 인구의 감소는 우선 광범하고 짧고 반복되는 피해였으며 장기적으로 영향을 미쳤다.

인구 감소는 노동력 감소를 가져왔다. 농업 분야에서는 이로 인해 성직자와 귀족이 농민이 땅을 두고 떠나는 것을 막기 위해 더 좋은 소작 관계를 제시하거나 강제로 예속 관계를 강화하려 했음을 알 수 있다. 의심할 여지 없이 페스트는 전 산업 부문에서 임금 인상을 가져왔다. 이에 대해 영국, 프랑스, 프로방스, 카탈루냐, 아라곤, 카스티야의 왕들은 최고임금 상한제를 시행했다. 몇몇 도시에서는 임금 인상에 대한 간섭이 수없이 많았다. 티롤 지역 같은 농촌 지역에서는 면세를 적용받기도 했다. 이러한 규정들과 함께 단순한 명목 임금을 인상했지만, 물가 상승으로 그 효과를 볼 수 없게 되었다. 영국과 네덜란드에서는 1370년대 혹은 1380년대에 높은 인플레이션으로 실질임금이 오히려 줄었다.

이렇게 처음 불황 국면에서 실질임금이 급격히 올랐던 것은 노동력 부족이 아니라 통화정책 때문이었다. 다시 말해서, 고정된 명목임금의 구매력은 물가 하락을 통해 증가했다. 그러나 임금 인상의 의미가 절대 과장되어서는 안 된다. 임금은 자영농에도 그리고 생산물이나 화폐를 지대로 지급하는 소작농에도 영향을 미치지 못했다. 임금 관계 속에서 생산하지 않는 자영 기능장들의 경우도 마찬가지로 임금이 아니라 생산가가 소득을 결정했다. 농촌에 있는 종이나 시녀, 도시의 서비스업 종사자나 수공업 직인들에게는 숙식 그리고 종종 신발과 옷 등으로 대부분 임금을 지급했고 현금은 단지 보조적으로 주었다.

변동하는 곡물 가격을 통일시키기는 어려웠다. 13세기 이래로 농산물의 상업화는 단지 서서히 시장을 분화시킬 수 있었다. 한 지역의 가격 변화가 더 큰 지역이나 전국에 미치는 영향이 약했기 때문에 농산물 가격은 지역마다 장소마다 달랐다. 방법론적으로 신중하게 자료를 살펴보면 일반적 경향을 찾을 수 있다. 1348/1350년 페스트의 창궐 이후 바로 가격이 올랐다. 그리고 이후 100년간 60퍼센트대로 혹은 페스트 창궐 이전의 가격대로 폭락했다. 대전환의 시점은 1370년대와 1380년대 사이의 10년간이었다.

곡물 생산자와 지주들은 손해를 보았지만, 특히 판매는 거의 하지 않고 무엇보다도 자가소비를 위해 생산하는 농민들은 손해가 거의 없었다. 다른 재화와의 교환에서 현물지대의 가치 하락, 주조의 악화로 고정된 화폐지대의 구매력 저하, 소작하지 않은 농지에서 지대 연체와 지대 불이행 등으로 지주들의 수입이 줄어들었다. 예를 들어 장크트갈렌 수도원은 1275년 수입이 매년

은화 1000마르크였는데, 1360년은 겨우 370마르크에 불과했다.

많은 귀족과 교회 지주가 지대 수입 하락, 현물 수입의 교환 가치 하락, 모든 조세, 특히 십일조의 축소를 통해서, 그리고 길게 보아 그들이 소유한 땅의 가치 하락을 통해서도 어려움에 직면했다. 몇몇 귀족은 회복 불능 상태로 떨어지기도 했다. 경제적 위기 상황이 귀족의 지배체제를 길게 흔들지는 못했다. 하지만 이들은 상속받은 지주제 밖에서, 특히 영주 직무를 통해 새로운 수입원을 찾으려 했다. 플랑드르, 프랑스, 그리고 신성로마 제국에서도 마찬가지로 백 년 동안에 전체 귀족의 절반 정도가 새로운 가족으로 대체되었다. 이와 같은 변화는 도시민도 완전히 새로워진 자산 구도 속에서 열망했던 귀족 지위를 가질 수 있게 했다. 그리고 이것은 또한 12세기 이래로 계속 변해온 귀족들의 경제적 토대를 넓고 빠르게 변화시켰다.

프랑스에서, 그보다는 덜하지만, 영국에서도 비싼 용병 복무 비용을 충당하기 위한 왕의 과세는 도시와 농촌을 황폐화하는 데 크게 작용했다. 게다가 동전 질의 조작을 통해 지역마다 차별된 부담이 주어졌다. 대부분 화폐는 불안정했고, 평가절하된 돈의 가치를 복원하려고 줄기차게 노력했다. 물가 상승과 물가 하락이 교대로 나타났다. 물가가 상승할 때는 정기적으로 고정 지대를 지급하면서 이를 평가절하된 돈으로 내려는 사람들이 유리했다. 물가가 하락할 때는 채무자와 대출받은 이가 손해를 보았다. 상승 때뿐만 아니라 하락 때도 화폐 주조자는 이익을 보았다. 1349년 동전의 질을 떨어뜨려서 얻은 이익이 프랑스 왕 전체 수입의 70퍼센트에 달했다.

## 농업경제의 대안

페스트 발생 이후 유럽에서는 새로운 경제적 기회가 펼쳐졌다. 농민은 버려진 농장을 더 좋은 소작 조건으로 인수해 그들의 경작지를 늘릴 수 있었다. 생존자들의 구매력은 향상했다. 높은 가격 때문에 축산업과 포도 생산을 곡물 생산보다 많이 선호했다. 알프스, 사부아, 피에몬테, 영국 동부 지역, 네덜란드, 덴마크, 노르웨이, 폴란드, 헝가리에서도 가격 상승으로 대단위 축산업이 성황을 이뤘다. 육류의 수요 증가로 국제 쇠고기 시장이 열렸다. 스위스와 사부아의 알프스 지역에서 대량으로 생산한 축산물은 북이탈리아의 여러 도시에서 팔렸다. 네덜란드에서는 축산 거래가 지역 시장에서 활성화했다. 1375~1425년 충분하지는 않지만 헝가리 소의 국제 거래로 부다페스트는 남쪽으로 베네치아, 북쪽으로 쾰른과 연결되었다. 헝가리가 금 보유 증가 정책을 쓰자 헝가리산 가축 가격이 올라갔다. 그 결과 폴란드산 쇠고기도 뉘른베르크나 프랑크푸르트로 팔려갔다. 덴마크의 쇠고기 수출은 1423년 2000마리에서 1484/1485년 1만 3000마리로 증가했다. 1470년부터는 헝가리의 가축이 마인강 남쪽의 아우크스부르크, 뮌헨, 울름, 스트라스부르, 슈투트가르트, 뉘른베르크, 프랑크푸르트로 공급되었다. 중요한 축산 거래 중심지는 부르군트, 프라이베르크, 프라이그랍샤프트(Freigrafschaft)의 쇠고기를 거래하던 알자스의 센하임에서 형성되었다.

목초지에 물을 주는 시스템의 발전과 더 나아진 사료 덕분에 포강 평야 유역에서 고기, 우유, 치즈 생산을 목적으로 하는 소 사육이 발달했다. 파르마, 페라라 지역에서는 새로운 소의 종을 도입해 소 사육을 촉진했다. 로마 시대의 캄파냐는 거대한 목초 지대였는데, 로마 북쪽의 마렘마(Maremma)에서부터 티레노(Tirreno) 해안을 따라 테라치나(Terracina)까지 300킬로미터에 걸쳐 있었다. 1402년 교황 보니파시오(Bonifatius) 9세는 가축통관법(dogana pecudum)을 제정하여 교회령 안에서 자유롭게 방목할 수 있게 했다. 나폴리의 알폰소(Alfonso) 왕이 1443년 왕령지인 풀리아주의 사람이 살지 않는 평원에 가축을 사육하게 하자, 남이탈리아 대지주들은 15세기 초에 시작된 양과 염소의 사육을 더 많이 했다. 나폴리 왕국에서 생산한 가축 수출량은 잘 알려져 있다. 1447~1470년에 나폴리 왕국은 란차노(Lanciano)에 있는 가축시장으로 가축 7만 7388마리를 보냈는데, 이는 매년 3365마리였다. 이 중 2만 9181마리는 왕국 내로 보냈고, 4만 8201마리(매년 2096마리)는 수출했다. 1453~1469년 카스텔디상그로(Castel di Sangro)에 있는 가축시장 여섯 곳에서 가축 3만 4739마리가 팔렸는데 그중 47퍼센트에 해당하는 1만 6472마리를 수출했다. 여기서 취급한 가축은 주로 돼지였고, 다음으로 송아지와 소, 그리고 소량의 말이었다.

에스파냐의 양 사육은 14세기 중엽에서 15세기 중엽까지 두 배가 되었다. 메리노 양 사육의 성공은 그 전례가 없었다. 카스티야에서는 1347년부터 왕의 특권을 받은 양사육자 조합이 생겼다. 그 후 그들이 사육하는 양의 수는 14세기 중반에서 1477년까지 1500만 마리에서 2700만 마리로 거의 두 배로 늘었다. 영국의 양모 수출이 위축된 후에 특히 에스파냐의 질 좋은 양모는 국제무역을 통해 플랑드르, 프랑스, 심지어 영국으로 점점 많이 수출되었다. 이러한 수출에 힘입어 카스티야는 15세기 중반에 경제가 회복됐지만 카탈루냐의 경제 불황은 지속했다.

페스트 발생 후 바로 수출 주도형 포도주 생산에 큰 어려움이 찾아왔다. 보르돌레(Bordelais)에서 14세기 초엽 동안 포도주 4만 7000~9만 4000통을 배로 운송했지만, 1349/1350년에는 고작 1만 3500통에 지나지 않았다. 좋은 포도주 한 통에 6파운드에서 21파운드로 가격이 3.5배 올랐는데 일부는 인플레이션 때문으로 보인다. 15세기에 포도 재배는 많은 지역에서 단일 재배 품목으로 퍼져나갔다. 프랑스에서는 보르도와 오세르 같은 곳에서 곡물 경작지가 포도 농원으로 바뀌어간 것이 관찰된다. 시칠리아산 포도주는 15세기 전반기부터 베네치아 무역상에 의해 메시나에서 콘스탄티노플·흑해 지역으로 수출되었고, 남이탈리아의 포도주는 포르토 피사노(Porto Pisano)·제노바·프로방스·바르셀로나·발렌시아·팔마데마요르카뿐만 아니라 영국과 플랑드르로도 수출되었다. 중부와 북부 이탈리아의 포도주는 15세기 말에야 비로소 수출했다. 에스파냐에서 포도는 수출하기 위해 헤레스, 세비야, 두에로강 유역, 리오하 지역으로 확대해 재배됐다.

수출용 올리브유의 생산도 남이탈리아와 아라곤에서 늘어났다. 안달루시아의 올리브유는 플랑드르와 영국의 직조 산업에 필요한 비누의 생산에 이용했다. 15세기에는 풀리아주와 캄파니아주에서 생산한 기름만 토스카나, 브뤼헤, 파리, 런던, 라구사, 키프로스, 알렉산드리아, 다마스쿠스, 콘스탄티노플과 크림반도의 카파로 수출했다. 시칠리아산 기름은 15세기 전반기에 콘스탄티노플과 흑해 지역으로 수출했다.

영국에는 1400년경에 채소 경작 지역이 여럿 생겼다. 이는 파리와 쾰른 근교 등에도 마찬가지였다. 그리고 오버라인(Oberrhein)과 다른 지역에서는 과일 생산 지대를 형성했다. 아마, 대마, 염료용 꼭두서니, 대청 등과 같은 산업용 식물 재배가 발전했다. 사프란은 향신료뿐만 아니라 많은 양을 천을 염색하는 재료로도 경작했다. 에스파냐와 이탈리아가 사프란의 주요 생산지였다. 맥주의 생산량 증가와 질의 향상으로 홉의 생산이 증가했다. 연못을 이용한 양어장도 돈 벌 기회를 주었다. 15세기 후반기에 인구가 다시 성장세로 돌아서자 몇몇 지역에서는 특용작물을 다시 재배할 필요가 생겼다.

## 원격지 무역

1290년 이후 전쟁의 지속, 정치적 불안정, 지중해에 해적의 잦은 출몰로 원격지 무역은 커다란 난관에 봉착했다. 맘루크 왕조의 정복과 1292년 팔레스티나(팔레스타인)에서 십자군 국가의 멸망, 흑해 항로를 지배하기 위한 1291~1299년 제노바와 베네치아 간의 해전, 1303년부터 터키의 비잔틴 공격, 흑해에서 페르시아까지의 몽골족의 정복지에서의 전쟁 소용돌이는 1290년에서 1360년 사이 원격지 무역의 거래 비용을 배로 올렸다. 백년전쟁은 직물 거래 전체를 파괴했다. 14세기 초부터 제노바, 바르셀로나, 마르세유와 같은 해양 선도 도시에서 관세가 하락한 것은 상거래에 제약이 있었음을 보여준다. 유럽 상거래에서 육로 수송도 계속 중요한 역할을 했다. 여기서 175킬로그램까지 물건을 실을 수 있는 노새는 가장 중요한 운송 수단이었다. 15세기에 제노바에서 밀라노까지는 매년 각 방향으로 노새 6만~7만 마리를 수송에 투여했다.

이탈리아의 원격지 무역은 14세기 중엽 이래로 상업 지형의 본질적인 변화와 구조 조정을 이끌었던 강력한 충격을 받아야만 했다. 몽골 제국이 멸망하자 아시아로 가는 길이 막혔고, 중국은 이탈리아 상인에게 문을 닫아버렸다. 페르시아도 외부와 소통의 문을 봉쇄했다. 이집트의 술탄은 이탈리아인의 입국을 금했고, 인도와 직접 교류하는 것도 불가능하게 만들었다. 1378~1382년에 베네치아 상인은 단 한 번도 선단을 레반테로 보내지 못했다. 이탈리아인의 이런 문제는 14~15세기에 더욱 심해졌다. 사마르칸트의 몽골 제국 지배자인 티무르는 1392년 흑해의 타나를 정복하고, 1403년 포키스(Phocis)와 다마스쿠스를 약탈했다. 흑해 지역에 있는 호위 선단은 1400~1402년, 그리고 1405년에 다시 멈추어 섰다. 이탈리아 배가 흑해까지는 갔으나 상인들은 그곳에서 극동에서 온 양념과 물건을 더는 가지고 오지 못했고, 흑해 지역에서 밀랍·과일·물고기·곡물·소금, 카스피해에서 비단, 그리고 콘스탄티노플과 에게해 지역에서 비단과 과일을 가져왔다. 시리아와 이집트 항구들은 이탈리아 무역상들에게 중요했다. 이슬람 상인들이 아시아 물건들을 이곳으로 가져왔기 때문이다.

제노바의 상업은 1453년 콘스탄티노플이 무너진 후에도 여전히 에게해 북쪽과 흑해 지역에 집중되었다. 에게해, 시리아, 흑해 지역, 터키에서 온 상품의 물결이 만나는 결정적 지점은 제노바가 점령한 키오스섬이었다. 제노바 수입품의 가장 큰 비중을 차지하는 것은 터키산 비단, 면화, 곡물, 과일, 목재 등이었다. 1275~1455년 스미르나의 포카이아에 있는 당시에 수확량이 가장 많은 명반 광산의 주인은 제노바인이었다. 제노바는 직조업, 염색 공장, 유리 공업에서 중요한 기본 원료를 1463년부터 교회령인 톨파(Tolfa)에 있는 새로운 명반 광산을 개발할 때까지 유럽에서 독점했다. 교황 피우스 2세는 명반의 채굴권과 거래권을 개발을 목적으로 한 독점 기업에 위임했다. 1466년 그의 후계자는 기독교 세계 내에서 터키산 명반 거래를 금지할 것을 약속했다. 교황 파울 2세는 1470년 이탈리아 명반 가격을 높게 유지하기 위해서 이스키아(Ischia)산 명반에 대한 수익권자인 나폴리 왕 페란테(Ferrante)와 생산은 각자 알아서 하되, 판매는 공동으로 하는 독점적 계약을 맺었다.

15세기 전반기 베네치아의 강력한 입지는 1423년 베네치아 공화국 도제 모체니고(Mocenigo)가 발행했던 결산서에서 확인된다. 이 결산서에 따르면 베네치아는 배 300척과 노예선 45척을 가지고 있었고, 선원 1만 9000명이 베네치아에서 바다로 항해했으며, 국유 조선소에는 목수 3000명과 배 틈새 메우는 사람 3000명이 있었다고 한다. 베네치아를 거친 수입과 수출액은 각각 천만 두카트(dukat)였다. 베네치아는 15세기에 매년 선단 두 개를 꾸려 베이루트와 알렉산드리아로 갔다. 그리고 레반테에서는 면화, 후추, 생강, 계피, 육두구와 다른 여러 양념을 수입했다. 베네치아는 알렉산드리아와의 교역으로 인한 강력한 입지 덕분에 후추 수입에서 독점적 지위를 갖게 되었다.

피렌체도 피사와의 병합과 함께 이러한 거래망을 물려받았다. 1422년부터 피렌체의 배가 알렉산드리아, 에그모르트, 바르셀로나, 발렌시아 등 서지중해의 모든 항구로 물건을 싣고 갔다. 비잔틴과 이슬람 지역의 동방에 당시 존재했던 피사의 식민지는 피렌체의 수중에 들어갔다. 1425년부터 피렌체의 노예선이 규칙적으로 북쪽을 향해 런던, 사우샘프턴, 안트베르펜, 브뤼헤를 거쳐 북해까지 갔다. 베네치아는 경쟁에 이겨 1480년 이미 피렌체의 독자적 항해를 포기하도록 했다. 그 후 베네치아는 이어서 상품 거래에서 점점 더 은행업 쪽으로 비중을 바꿔갔다.

아라곤의 바르셀로나 출신 상인들은 1370년부터 많이 발전했던 지중해 무역에서 특히 이집트, 시리아, 팔레스티나와 활발하게 거래했다. 1395~1401년에 매년 배 8척이 레반테로 항해했는데, 이는 1365년에 비해 두 배 많은 양이었다. 이와 같은 발전은 1462~1472년의 내전으로 다시 쇠퇴했다. 수입품은 무엇보다 양념, 특히 후추였다. 수출품은 은 등 아라곤의 생산품, 사르데냐의 산호, 시칠리아의 산호, 토르토사 지역의 안티몬, 값싼 카탈루냐의 직물 등이었다.

한자의 원격지 무역은 무엇보다 북해와 동해, 그리고 네덜란드에서 행해졌는데, 쾰른 상인들은 특히 브뤼헤와 런던에서 활약했다. 한자는 14세기에 상인들 간의 느슨한 연대에서 엄청난 정치적 무게를 가진 조직된 도시조합 형태로 발전했다. 1356년 브뤼헤 지점은 거래 거부와 전쟁을 부르기도 했던 거래 정책에서 전투력을 높이기 위해 한자 의회에 속하게 되었다. 한자는 뤼베크를 으뜸으로 하여 여러 도시와 더불어 운영을 도맡았다. 한자 상인들은 15세기에 브뤼헤, 안트베르펜의 브라반트 연시장, 베르헌옵좀에서 무명 등의 상품을 팔았다. 그리고 영국·플랑드르산 양모직을 사서 독일, 동해, 러시아에 되팔았다. 그들은 라인 지역의 포도주, 금속, 꼭두서니, 대청을 영국으로 수출하기도 했다. 러시아, 리보니아, 리투아니아, 폴란드, 프로이센에서 버섯, 모피, 가죽, 밀랍, 송진, 역청, 타르, 송어, 노르웨이에서는 말린 생선, 스코네에서는 절인 청어, 스웨덴에서는 철, 구리, 버터, 가축, 쇠가죽, 그리고 덴마크에서는 말, 황소, 버터를 수입했다. 독일 기사단은 호박을 뤼베크와 브뤼헤에 팔았다. 이에 대해 한자 상인들은 노르웨이와 덴마크로 물고기 저장용 소금을, 스칸디나비아와 홀란트로 맥주를, 노르웨이와 네덜란드로 점점 많이 폴란드와 프로이센의 곡물을 수출했다. 포도주와 양념, 사치품은 동방으로 중개 무역을 했다.

양자 간의 거래에서 한자 상인들은 외지에 있는 동업자가 자신들의 물건을 마치 그들의 것처럼 무상으로 영업하도록 맡겼다. 이렇게 해서 북독일어와 뤼베크 법으로 통일된 한자 무역망이 생겼다. 이 망 속에서는 상호 간의 요구를 보상 거래를 통해 조절할 수 있었다. 13세기와 14세기 한자의 성공 요인으로는 다음과 같은 것을 들 수 있다. 즉 자신들의 거래 이익을 관철할 수 있는 한자 도시들의 정치적 힘, 동유럽의 원료와 서유럽의 완제품을 교환하는 일에 있어서 독점적 지위, 내부 동맹에 대한 우대와 외부에 대한 배타적인 태도와 결합한 점점 더 조밀해진 한자 '특권 부대' 덕분으로 경쟁에서의 우위, 그리고 통일된 규칙과 해결 능력 있는 기구(지점과 한자회의)와 평판을 바탕으로 한 신뢰와 상호성 덕분에 거래 비용을 줄였던 서로의 믿음으로 구축된 연결망 구조의 탁월성 등을 들 수 있다. 15세기 말엽에 들어 여러 어려움이 늘어나자 한자는 몰락의 길로 들어섰다.

프랑크푸르트 연시장은 뉘른베르크의 금속, 동방의 물건, 영국, 네덜란드, 남독일의 직물을 거래하는 회전문과 같은 곳이었다. 남독일의 한자동맹은 이탈리아, 에스파냐, 플랑드르, 영국과 거래했다. 토착적 물건은 아마포, 능직, 비철금속이었다. 동방에서 들어온 물건을 사는 곳은 베네치아의 폰다코 데이 테데치(Fondaco dei Tedeschi) 구역과 제노바였다. 라벤스부르크 회사가 늘려간 지점들은 다음과 같다. 베네치아(1474년까지), 밀라노, 제노바, 제네바, 리옹, 아비뇽(육로를 통해 에스파냐로 가는 길목), 사라고사, 발렌시아, 브뤼헤(1485년까지), 안트베르펜(1485년부터), 뉘른베르크, 빈 등이다. 특별한 종목 없이 모든 상품을 거래했다. 남독일 회사들의 연매출은 15세기 말엽 단지 7~15퍼센트에 지나지 않았다.

## 은행

15세기 말엽에 이르면서 은행업에서 이탈리아의 주도권은 서서히 사라지고 있었다. 1298년 시에나의 본시뇨리(Bonsignori)와 1300년 루카의 리치아르디(Ricciardi), 피스토이아의 암마나티(Ammanati)와 키오벤티(Chioventi)가 몰락하고 피렌체가 주도권을 잡았다. 수년간 이익과 손해를 공유한 피렌체 상인들은 매우 활동적인 지분 소유자 25명을 모아 은행을 설립했다. 이 지분 소유자들은 본점이나 20개 지점에서 근무했다. 거기에는 임금을 받지 않는 사람도 있었다. 이 회사들은 금융업뿐 아니라 상품 거래도 했다. 몇몇 은행은 거의 금융업에만 종사했다. 예를 들어 이 분야에 특화된 지안피글리아지(Gianfigliazzi)는 1283~1325년까지 프랑스 남동부의 도피네(Dauphiné)와 프로방스 지역의 사람들과 도시들에 돈을 빌려주었다. 그들은 프랑스 왕위 계승자, 프로방스 백작, 시칠리아 왕의 은행가였다. 은행업에 필요한 자금은 지분 소유자들이 결정해서 만든 자본과 6~10퍼센트의 고정 이자를 받고 예금한 사람들의 예금으로 충당했다. 이를 통해 거대한 자금이 형성되었는데, 예를 들어 1318년 바르디(Bardi) 은행의 차변에는 87만 5000피렌체 금화 굴덴이 기록되어 있다.

은행들은 예금주가 예금의 반환을 요구할 때 다시 돌려주어야 할 의무가 있었기 때문에 많은 예금주가 동시에 돈의 반환을 요구하면 기댈 곳이 없었다. 피렌체 은행이 1342년 나폴리 왕 로베르토와 정치적으로 헤어지고 그들이 교황과의 동맹을 풀었다는 사실이 알려졌을 때, 사람들이 은행으로 몰려왔고 작은 은행들부터 먼저 파산했다. 페루치(Peruzzi)와 바르디 은행은 영국 왕이 프랑스와 백년전쟁을 할 때 엄청난 비용을 빌려주었다. 영국군

이 전투에서 지자 영국 왕은 자신의 채무를 바로 갚을 형편이 되지 않았다. 당시 일반적 공황은 영국 왕에게 빌려줬던 거금을 돌려받을 수 없었던 큰 은행들의 잔액 문제 때문이기도 했다. 작은 은행들의 파산으로 큰 은행들도 파산했다. 그 외에도 나폴리에서 왕성한 영업을 했던 아치아이우올리(Acciaiuoli)가 1343년 페루치와 마찬가지로 파산했고, 1346년 바르디도 파산했다. 피렌체의 은행 350개가 1333~1346년에 파산했고 이에 따라 수백 개의 작은 회사들이 경제적 파산 상태에 빠졌다.

이러한 전반적인 몰락에서 페스트 발생 후인 1348~1350년까지 새롭고 작은 회사들이 점차 제법 비중 있게 등장했다. 약 1360년 이래로 다시 더 비중 있는 알베르티(Alberti), 스트로치(Strozzi), 메디치, 구아르디(Guardi), 소더리니(Soderini), 리치(Ricci) 같은 은행이 생겼는데, 그 규모는 이전 은행인 바르디, 페루치, 아치아이우올리의 규모에 미치지 못했다.

확실한 변화는 1408년 피렌체에서 새로운 합법적 회사로 승인된 합자회사의 설립으로 생겼다. 여기서는 단지 무한책임 투자자만 자신의 전체 재산으로 갚을 책임을 졌다. 그리고 유한책임 투자자는 출자액의 한도 내에서만 책임을 졌다. 이와 같은 새로운 유한책임 방식은 많은 피동적인 유한책임 투자자들의 의미 있는 자본 투자를 가능하게 했다. 이로써 비상시 회사를 유지하기 위한 자본을 조달하기 위해 아주 위험했던 무이자 혹은 저리의 예금제도의 한계를 극복할 수 있었다.

은행 계좌를 통한 지로 지급, 외국계 공장과 무역회사에 대한 금융 지원, 고객의 예금을 제삼자에게 대출하는 영업 방식은 14세기 전반기에 피사에서 확인된 것이 가장 오래된 것이다. 수표 지급은 1369~1374년에 확인된다. 복식부기의 사용도 1336년 피사에서 사용한 것으로 확인된다. 복식부기 기술은 유행에 뒤진 것으로 간주하기조차 했다. 이것의 실제 중요성은 오늘날 오히려 과소평가된다. 야코프 푸거(Jakob Fugger)는 복식부기를 알고 있었으나 1500년경에도 이를 자기 회사에 도입할 필요가 없다고 판단했다. 한자에서도 복식부기는 전혀 사용하지 않았다.

은행이나 금융 중심지는 단기신용을 위한 정기적 화폐시장의 특징을 가지고 있다. 14세기와 15세기에 이탈리아에는 11개의 이러한 금융시장들이 있었다(볼로냐, 피렌체, 제노바, 루카, 밀라노, 나폴리, 팔레르모, 피사, 시에나, 베네치아, 로마). 그리고 프랑스(아비뇽, 몽펠리에, 파리)와 에스파냐(바르셀로나, 발렌시아, 팔마데마요르카)에 각각 3개가 있었고 브뤼헤와 런던에도 각각 한 개씩 있었다. 파리의 금융시장은 1400년 이후 얼마 안 되어 백년전쟁으로 의미를 상실하여 제네바 연시장으로 대체되었다가 1465년 후부터는 리옹 금융시장으로 대체되었다.

라인강 동쪽에는 이런 의미의 금융시장이 없었다. 제네바 연시장은 샹파뉴 연시장의 몰락으로 이익을 누렸으며, 지중해, 프랑스, 네덜란드를 잇는 가장 중요한 금융시장이 되었다. 제네바 연시장의 이와 같은 지위는 시장 사용료에서 확실하게 확인된다. 이탈리아 은행들, 무엇보다 메디치 은행은 15세기에 제네바에 지점을 열었다. 1462년 왕이 모든 프랑스인에게 내린 제네바 시장 방문 금지령과 많은 특권이 부여된 4개의 리옹의 연시장의 동시 개최를 통해 이탈리아인을 빼내어 국제 금융시장을 프랑스로 옮기는 데 성공했다. 브뤼헤에 있던 화폐시장도 이탈리아인들이 지배했다. 15세기 말엽 이탈리아의 은행 산업은 고착 상태로 들어갔고, 1494년 메디치 은행의 몰락에서 보듯이 사업을 이끌던 사람들이 경영 동기를 상실하면서 사양길로 접어들었다.

이탈리아 회사들과는 달리 뉘른베르크, 프랑크푸르트, 쾰른의 회사들, 특히 라벤스부르크 상업회사도 화폐 거래에 거리를 두었다. 남독일, 특히 아우크스부르크 회사의 성장은 1493년 브뤼헤의 화폐시장 파산과 1510/1515년 안트베르펜 화폐시장의 성장 사이의 공백에서 이룩되었다. 야코프 푸거는 1494년 안트베르펜 화폐시장에 모습을 드러내고, 벨저(Welser) 회사는 1498년 세워진다. 그리고 호흐슈테터(Hochstetter)는 1486년 이전에 안트베르펜에서 확고하게 자리를 잡는다.

남독일 성장의 주된 동력원은 작센, 모라비아, 슐레지엔, 티롤의 금속이었다. 한자 지역에 은행이 없었던 것은 낙후되어서가 아니었다. 여기에서 통용되는 물물교환 거래는 은행권이나 교환 신용이 필요 없었다. 이와 달리 브뤼헤에서의 한자 거래에는 채권과 청산 계좌가 14세기 이래로 중요한 역할을 했다. 물물교환은 15세기에 라벤스부르크 회사가 보여주듯이 남독일 상업회사에서 선호되지 않았다.

## 신용

대부시장은 채무자에게 편리하게 발전했다. 중세 후기, 적어도 14세기 중엽부터는 분명하게 자본시장에서 과잉공급이 발생했다. 이에 대한 확실한 지표는 어느 곳에서나 지속해서 이율이 내려갔다는 것이다. 이와 같은 사실은 우리를 놀라게 한다. 왜냐하면 중세 후기는 동시에 많은 유럽산 은 채굴이 중단되어서, 유럽에서 은 부족 현상이 점점 심화했기 때문이다. 유럽의 은은 원격지 무역을 통해 상당히 많은 양이 동방이나 러시아로 흘러갔다. 영국 연구자들은 특히 1392~1425년과 1455~1465년 동안에 뚜렷이 나타났던 '화폐 금속 부족(bullion famine)'에 대해 서슴없이 이야기한다.

중세 후기에는 여러 욕구를 만족시키는, 즉 합법적인 고리대금업이나 이윤 금지 조항 준수를 확인할 바 없는 일련의 금융상품이 있었다. 원격지 무역에서는 뛰어난 상인이 투자한 자본의 10~20퍼센트를 벌 때 매년 15퍼센트 정도의 높은 이자를 받았음에도 불구하고 융통어음이 신용 수단으로서 의미가 있게 되었다. 법적으로 문제가 없는 영업의 자본량에 비해 저당과 채권을 받고 해주는 단기와 고리의 유대인과 롬바르드인의 대출은 의미를 잃고 14세기부터 퇴행의 길로 갔다. 이율이 20퍼센트에서 신성로마 제국과 프랑스에서 통용되던 43퍼센트(일주일에 1파운드에 2페니히)까지의 대출은 투자에 적합하지 않았다. 왜냐하면 외부 자금을 투자한 어느 경제 분야에서도 그렇게 높은 이익을 얻는 것은 쉽지 않은 일이었기 때문이다. 이러한 대출은 실제 구매력이 없을 때 소비를 촉진하는 역할을 할 수 있었다. 비상시 혹은 현금 주화의 일시적인 유동성 불능이나 부족 상태 때에는 최

단기에 갚아야 하는 임시 대출이 역할을 할 수 있었다.

큰 금액을 낮은 이자로 제후, 지주 및 도시에 빌려주었던 거대 유대인 금융업자는 중세 후기에 점점 드물어졌다. 유대인의 금전 동원력은 페스트 기간의 학대와 14세기 말까지 있었던 유대인 채무 제거로 인한 유대인 자산의 몰수로 많이 약해졌다. 유대인은 영국에서 벌써 1290년에, 프랑스에서 1306년과 최종적으로 1394년에, 신성로마 제국의 도시와 영방 그리고 이탈리아의 몇몇 도시에서는 15세기를 거치면서 쫓겨났다. 특히 이탈리아에서 프란체스코 교단은 유대인 대신 기독교 대출 은행(Monti di pietà)을 운영했다.

왕에서 농민까지 광범한 계층의 채무는 또한 중세 후기 동안 점점 더 큰 사회 문제가 되기도 했다. 농민들의 지대로 인한 채무는 부분적으로는 수확이 적은 땅의 경작을 포기함에 따라 감당하기 어려워지기도 했다. 지배층은 농민 재산에 대한 부담을 없앰으로써 이 문제를 해결하려고 했다.

14세기부터 대부분 도시는 자주 사회적 물의를 일으켰던 징세를 막기 위해서 부채로 자금을 조달했다. 도시는 도시민이나 외부인에게 돈을 빌리고, 이 같은 채무에 대해 이자를 지급하며 뒤에 갚겠다는 약속을 했다. 14세기 중엽부터 이러한 대출 증서는,

특히 피렌체에서 상류층의 수입에 점점 더 중요한 부분이 되었다. 그러나 이것은 머잖아 자유 대출이 아니라 강제 대출로 변해갔다. 이같이 도시의 채권 증서를 많이 가지고 있던 사람들은 각자의 도시에서 채권자연합을 결성하고 도시의 정치에 막강한 영향력을 발휘했다. 가장 잘 알려진 것은 제노바의 카사 디 산 조르조(Casa di San Giorgio)였다. 이 카사는 1407년부터 해상국가의 국가 채권을 소유하고 있는 사람들의 모든 중요한 채권자연합을 통합한 것이었다. 제노바 공화국은 이 채권자연합에게 채권의 안전성을 보장해주기 위해 토지와 식민지를 제공하면서 수확에서 채권에 대한 이자를 직접 받을 수 있도록 허락했다. 공화국은 심지어 카사에게 간접세의 징수를 위한 행정 업무까지 맡겼다.

그래서 공화국의 모든 새로운 신용을 얻기 위해 사람들은 카사를 찾아야만 했다. 카사는 1408년 공공성을 갖춘 산 조르조 은행(Banco di San Giorgio)을 설립했다. 대출에 대한 확실한 이자는 배당금 형태로 대체되고, 1409년 마침내 이 은행은 일종의 주식은행이 되었다. 그리하여 사람들은 이것을 아주 훗날 완전히 정립된 주식회사의 기본 원칙을 그 당시에 이미 갖춘 가장 오래된 '자본이 사회화한 형태'로 보았다. 적지 않은 도시가 갚지 못할 만큼 빚을 졌다. 이러한 도시의 예로 아라스, 베른, 브라운슈바이크, 브뤼헤, 도르트문트, 두에, 힐데스하임, 뤼네부르크, 마인츠, 베츨라어, 뷔르츠부르크 등을 들 수 있다.

## 광산업과 금속

기술 발전이 잘되어 가던 국면은 이미 13세기 중반 이후 오래지 않아 깊은 침체로 이어졌다. 그리고 1330년대에는 기술이 몰락해갔다. 이처럼 중세 후기는 기술 발명과 혁신의 정체기였다. 그리고 15세기 말에야 비로소 다시 응집된 기술의 발전이 시작되었다. 특히 광산업과 금속 가공업에서 기술혁신이 일어났다.

싼 이자와 높은 임금에 따른 생산 비용의 변화 덕에, 혁신적인 노동 절약형 공정 과정이나 기술에 투자하는 방식으로 비싼 노동을 싼 자본으로 대체하는 것이 더 많은 이윤을 가져다주었다. 이에 관한 좋은 사례는 광산에서 인공 분수와 펌프의 사용으로 인간 노동을 대체했던 사실이다. 1350년 이래로 광산업의 위기는 유럽 전역 모든 중요한 광업 지역에 퍼졌다. 페스트로 인한 손실로 생산이 멈췄다. 인구 감소는 금속의 수요를 감소시켰다. 뒷날 광산의 재가동은 몹시 어려운 일이었다. 왜냐하면 당시의 기술로는 가득 찬 갱도의 물을 빼내거나 갱도로 새로 몰아쳐 들어오는 물을 통제할 수 없었기 때문이다. 15세기 중엽부터 광산업은 넓게 일어났다. 이를 가능케 한 것은 수십 년의 실험 과정을 통해 발명한 양수기, 이른바 하인첸쿤스트(Heinzenkunst)였다. 15세기 후반부터 물을 빨아올리는 새로운 펌프를 발명하여 더 깊은 갱도의 물도 제거할 수 있었다.

1460년부터 뉘른베르크의 제련소에서 처음으로 확인된 구리와 은을 더 잘 가를 수 있는 새로운 공정도 널리 퍼졌다. 금 세공소의 작은 도가니에서 '분리하는 공정(Saigerverfahren)'의 혁신이 일어나자 납은 은을 얻는 데 아주 중요해졌다. 상업자본의 도입으로 인한 광산업의 회복은 은 생산량을 빠르게 늘렸다. 아울러 부식되지 않는 구리를 대량 생산하면서 많은 기술 개선 가능성이 열렸다. 새로운 은광이 1471년부터 슈니베르크(Schneeberg)에, 1491년부터 에르츠산맥의 슈레켄베르크(schreckenberg)에서 개발되기 시작했다. 이곳에서 광산도시 장크트안나베르크(St. Annaberg)가 생겼다. 1500년경에 가장 채굴이 잘되던 곳으로는 티롤 지방의 인강 계곡, 작센 지방의 상부 에르츠산맥, 남서 헝가리, 잘츠부르크의 호에타우에른 등이었다.

1415년경 뉘른베르크에서 발명한 수력을 이용하여 연결봉 시스템(Pleuelstangensystem)으로 철사를 생산하는 철사 제조기는 혁명적이었다. 이를 통해 완전한 공업지형이 만들어졌고, 전 유럽의 상거래 품목이 철사로 변했다. 뉘른베르크에서 생산한 철사를 이용한 금속 생산품은 1422년부터 거의 경쟁자가 없을 만큼 매출을 올렸다. 철사 가공 공장과 이와 연관된 산업, 이른바 바늘, 귀걸이, 목걸이, 갑옷 생산 공장은 놀랄 정도로 많이 늘어났다. 뉘른베르크의 철 가공 부문의 수공업 장인의 수는 1361~1370년 10년간 409명이던 것이 15세기 말 1335명으로 늘었다.

야금술 부분의 진보는 전쟁 기술의 발전과 관련이 있었다. 1346년 크레시 싸움에서 영국인들이 처음으로 포병대를 투입했다. 여기서 중요한 것은 초석을 원료로 하는 화약의 발명이다. 15세기 뉘른베르크에서 이른바 '둥근 막대통(Stangenbüchsen)'으로 불린 운반할 수 있는 대포를 생산했다. 그러나 무기 생산의 주도권은 밀라노가 가지고 있었다. 금속 가공업은 14세기 말엽부터 아이펠 고원, 베르크 공작령(서북부 독일), 자우얼란트와 지걸란트에서 발전했다.

## 직물 생산

14세기로 접어들면서 원격지 무역이 어려워지자 직물업도 어려움을 겪었다. 대량으로 생산한 직물의 싼 가격에 비교해 거래 비용이 비싸지자 이를 더 감당할 수 없게 되었고, 영국, 북프랑스, 네덜란드에 있던 직물 도시들은 위기에 빠졌다. 이전에는 잘되던 밀라노, 크레모나, 파르마, 브레시아, 피아첸차, 베로나에서 아마와 면화를 혼합해서 짠 값싼 이탈리아 능직의 수출은 1300년경에 이미 파산했다. 플랑드르와 브라반트에 있는 각각의 도시들은 1340년대부터 고품질 면직물 생산으로 전환했고, 영국의 직물 생산 도시도 1360년대에 이런 추세로 변했다.

14세기 후반에야 비로소 잘나가던 값싼 직물과 함께 피렌체의 값비싼 직물도 등장했다. 1352년 세금 목록에 의하면 피렌체에는 가장 1381명이 양털 작업에 종사했다. 이것은 당시 조사한 전체 직업 인구의 28.4퍼센트다. 1427년 세금 목록에 의하면 1098명, 즉 직업 인구의 20.1퍼센트가 여전히 양털 작업에 종사했다. 1382년의 어느 목록에는 283개의 공장에서 직물을 1만 9296개 생산한 기록이 있다. 14세기 후반기에 영국은 점점 더 많이 양털을 직접 가공했기 때문에 가공하지 않은 영국산 양털의 수출량이 절반으로 줄고, 동시에 완제품 모직의 수출이 여섯 배 늘었다. 고유한 재료를 사용한 고유의 직물 생산이 발전했다. 주로 사가는 사람은 남독일의 상인이었는데, 이들은 안트베르펜과 베르헌옵좀 연시장에서 직물을 사서 신성로마 제국과 중동부 유럽에 팔았다.

비단은 중세 후기 이탈리아(시칠리아, 루카, 피렌체, 제노바, 베네치아, 볼로냐, 밀라노)와 프랑스(파리, 몽펠리에, 마르세유, 아비뇽, 리옹, 투르)에서 생산됐다. 그 외에도 신성로마 제국(쾰른, 덜 중요하기는 하지만 아우크스부르크, 레겐스부르크, 뉘른베르크, 울름, 마인츠, 프랑크푸르트, 힐데스하임, 취리히)에서 생산했다. 쾰른에는 비단 직조업에 여성 수공업자 조합도 생겼다. 아내는 비단을 짜고, 남편은 비단 원료를 사들이고 아내가 짠 비단을 판매했다. 베네치아의 자수 비단이 14세기와 15세기에 시장을 지배했다. 15세기에 베네치아에는 비단직조공 3000명이 있었다.

신성로마 제국에서는 곳곳에서 직물을 생산했다. 쾰른에서 질 좋은 모직, 위에히틀란트(Üechtland)의 프라이부르크에서는 제네바 연시장에 수출하기 위한 값싼 물건을 생산했다. 아마는 14세기에 보덴호(콘스탄츠, 장크트갈렌)와 베스트팔렌에서 생산했고, 그 외에도 포크틀란트(Vogtland), 라우시츠(Lausitz), 니더작센 등에서 생산했다. 작센, 베스트팔렌의 한자 도시들, 프로이센에서 생산하는 중간급으로 정형화된 마직의 원료를 14세기 이래로 한자 상인들이 수출했다. 15세기 한자 도시의 생산품의 비율은 런던의 전체 직물 평균 수입의 30퍼센트에 달했다. 한자의 마직물은 15세기에 홀란트로, 뉘른베르크와 프랑크푸르트를 거쳐 이탈리아로, 뤼베크를 거쳐 동쪽과 북쪽〔레발(Reval), 스코네, 베르겐〕으로 거래되었다.

생산의 대부분은 농촌에서 이루어졌다. 브라반트와 플랑드르에서 생산한 마직물은 확실히 독일 생산품에 비해 질이 좋았다. 한자 무역에서 아마포는 단지 영국과의 교역에만 빼어난 역할을 했다. 다른 지역에서는 네덜란드, 플랑드르, 라인강 유역에서, 그리고 베스트팔렌과 작센, 튀링겐, 슬라브 지역, 프로이센 등지에서 생산한 모직물 거래가 더 우세했다. 14세기 말엽 남독일의 도시〔콘스탄츠, 바젤, 울름, 아우크스부르크, 라벤스부르크, 메밍겐(Memmingen), 비베라흐(Biberach), 뇌르들링겐(Nördlingen), 레겐스부르크〕는 자신들이 경작한 아마에 베네치아에서 수입한 면화를 섞어서 능직을 생산했다. 능직 생산은 15세기 전반부에 60개 이상의 도시로 확장했다.

## 직물업에서 선대제와 혁신

13세기부터 원격지 무역의 전 분야(직물, 금속, 가죽, 목재)에서 실행했던 선대제는 공장제 수공업에서 자본주의 초기 발전 단계를 형성했다. 말하자면 그것은 중세적 노동 분업에서 근대적 자본과 노동의 대립으로 향하는 길목에 있었다. 15세기 피렌체에서조차 거상의 모직 공장이 15세기에 최고 30~50명의 노동자로 이루어진 작은 회사였다. 선대제가 주도하는 산업단지가 생기면서 신용은 중세 후기의 아마도 가장 중요한 경제적 혁신 동력인 생산물의 지역적 다양화와 특수화를 만들어가는 힘으로 작용했다. 수공업자 조합은 이 같은 혁신적 생산의 형태에 여러 번 반대했다. 1411년 아우크스부르크 도시 의회는 직조공 조합의 압력으로 도시 주변의 농촌 직조공과의 선대제 거래를 금지했다. 콘스탄츠의 아마 직조공 조합은 1423년 조합장회의에서, 그리고 1424년 도시 의회에서 보덴호 아마포 단지에서 최초의 거대 선대제업자였던 울리히 임홀츠(Ulrich Imholz)의 명주실 독점을 비난했다. 그런데도 선대제는 넓게 퍼져갔다.

13세기에 물레는 중부 유럽에서 널리 쓰였다. 이는 1256년 베네치아, 1256년 볼로냐, 1268년 파리, 1280년 슈파이어, 1288년 아브빌, 1292년 시에나, 1305년 두에에서 조합들에 물레 사용을 금지했던 사실을 통해 알 수 있다. 이 같은 노동 절약형 혁신은 1480년 처음으로 발로 밟는 장치와 날개 방추를 단 실을 잣고 감는 작업을 연속할 수 있는 더 나은 물레의 등장과 함께 이루어졌다. 13세기 루카에서 처음으로 발명한 '비단 꼬는 기계(Seidenzwirnmühle)'는 많은 양의 실을 감아 동시에 꼴 수 있게 했다. 이 기계는 14세기 볼로냐, 15세기 베네치아, 15세기 피렌체에서 도입했다. 그러나 쾰른에서는 1412년 높은 생산성으로 일자리가 없어질 수 있었기 때문에 도시를 지배하는 조합들이 이 기계의 사용을 금지했다. 베네치아에서도 가난한 부녀자와 아이의 생계를 보호하려는 의도로 이 기계의 도입을 반대했다.

## 수공업자 조합

정치적 영향력이 강해지면서 많은 곳에서 수공업자 조합이 직접, 혹은 조합의 영향을 받는 도시 의회가 나서서 갈수록 더 강하게 경제 행위를 통제했다. 조합들은 조합 강제와 조합원 모집 조건을 통해 독점권을 행사했다. 그들은 조합원끼리의 경쟁도 제한했으며, 도제교육 방식을 규정함으로써 지식의 연속성을 지켰다. 엄격한 질의 관리는 구매자의 이익에 맞춰져 있었다. 그들은 생산 과정, 생산 원료를 규정하고, 노동 시간과 판매 시간을 분명하게 하고, 최고 임금, 판매 비율, 최저 가격도 정해두었다. 이 같은 규정은 조합이 추구했던, 그러나 엄격하게 실시할 수 없었고 규정을 위반할 수밖에 없었던 이상적인 모습의 단면을 보여준다. 그들은 15세기에 그들의 관심을 주변 지역으로도 넓혀가려고 시도했다. 이와 같은 시도는 도시 의회의 공공복지 추구 정책과 부딪혔다. 각각의 도시마다 경제적 구조에 따라 사회적 지위와 위신에 있어서 조합의 차별적 서열이 만들어졌다. 이런 서열은 영업 이익을 노린 것으로 모든 상인 조합은 수공업자 조합에 앞서 있었다.

## 조망

14세기 전반기에 유럽의 지리적 팽창은 1348/1350년 페스트 경험 후 일반적으로 위험하다는 생각과는 멀어졌다. 15세기가 되면서 다시 팽창이 시작되었다. 카스티야는 1402년부터 설탕 농장이 있던 카나리아제도를 점차 정복해갔다. 포르투갈은 1415년 세우타를, 그리고 포르투산투(Porto Santo)와 마데이라를 정복했다. 포르투갈인은 그곳에 사탕수수를 심었다. 이 사탕수수 섬들은 과거의 것에서 새로운 설탕 산업으로 발돋움하는 디딤판과 같은 곳이었다. 아프리카 서부 해변을 따라 포르투갈인은 가나, 나이지리아, 카메룬에 도착했고, 1486년 나미비아까지 갔다. 그리고 후추, 금, 상아, 아프리카 노예를 거래했다. 1488년 바르톨로뮤 디아스가 희망봉을 돌면서 인도로 가는 항로를 열었다. 1497년 바스쿠 다 가마가 희망봉을 돌아 인도 코지코드에 도착했다.

이탈리아인이 뒤늦게 뛰어들었던 후추 사업은, 안트베르펜이 포르투갈의 후추를 수입하여 판매하면서 브뤼헤의 화폐시장이 안트베르펜으로 옮아갈 만큼 영향력을 발휘했다. 1500년 페드루 알바르스 카브랄은 인도를 향해 가다가 브라질을 발견했다. 콜럼버스는 1492년 에스파냐의 주문에 따라 카나리아제도를 거쳐 카리브해의 산토도밍고에 도착했다. 조반니 카보토〔Giovanni Caboto: 이탈리아 출신 항해사로 존 캐벗(John Cabot)으로 더 잘 알려져 있다—옮긴이〕는 1490년대에 브리스틀을 떠나 뉴펀들랜드섬으로 항해했다. 인도 항로와 함께 아메리카의 '발견'은 경제사에서 새로운 시대를 열었다.

# 참고문헌

1990년 이후 독일어로 출판한 자료만 소개한다. 이 책의 주제와 관련한 상세한 세계적 자료는 다음을 참조하라. www.chbeck.de/go/Wirtschaftsgeschichte-des-Mittelalters.

Bergdolt, Klaus, Der Schwarze Tod in Europa. Die Große Pest und das Ende des Mittelalters, München 3. Aufl. 2011.

Fouquet, Gerhard/Gilomen, Hans-Jörg (Hg.), Netzwerke im europäischen Handel des Mittelalters, Ostfildern 2010 (Vorträge und Forschungen 72).

Goetz, Hans-Werner, Frühmittelalterliche Grundherrschaft und ihre Erforschung im europäischen Vergleich, in: Michael Borgolte (Hg.), Das europäische Mittelalter im Spannungsbogen des Vergleichs, Berlin 2001 (Europa im Mittelater 1), 65-87.

Gringmuth-Dallmer, Eike, Die hochmittelalterliche Ostsiedlung in vergleichender Sicht, in: Siedlungsforschung 24, 2006, 99-121.

Hägermann, Dieter/Schneider, Helmut, Landbau und Handwerk 750 v. Chr. bis 1000 n. Chr., 2. Aufl., Berlin 1997 (Propyläen Technikgeschichte 1).

Holbach, Rudolf, Frühformen von Verlag und Großbetrieb in der gewerblichen Produktion (13.-16. Jahrhundert), Stuttgart 1994 (Vierteljahrschrift für Sozial- und Wirtschaftsgeschichte, Beiheft 110).

Kasten, Brigitte (Hg.), Tätigkeitsfelder und Erfahrungshorizonte des ländlichen Menschen in der frühmittelalterlichen Grundherrschaft (bis ca. 1000). Festschrift für Dieter Hägermann zum 65. Geburtstag, Stuttgart 2006 (Vierteljahrschrift für Sozial- und Wirtschaftsgeschichte Beihefte 184).

Knittler, Herbert, Europas Wirtschafts- und Handelsräume am Vorabend der atlantischen Expansion, in: Friedrich Edelmayer, Erich Landsteiner, Renate Pieper (Hg.), Die Geschichte des europäischen Welthandels und der wirtschaftliche Globalisierungsprozeß, Wien 2001, 12-32.

Kuchenbuch, Ludolf, Potestas und Utilitas. Ein Versuch über Stand und Perspektiven der Forschung zur Grundherrschaft im 9.-13. Jahrhundert, in: Historische Zeitschrift 265, 1998, 117-146.

Lindgren, Uta (Hg.), Europäische Technik im Mittelalter. Tradition und Innovation, Berlin 1996.

Ludwig, Karl-Heinz, und Volker Schmidtchen, Metalle und Macht 1000 bis 1600, Berlin 2. Aufl. 1997 (Propyläen Technikgeschichte 2).

North, Michael, Das Geld und seine Geschichte vom Mittelalter bis zur Gegenwart, München 1994.

Rösener, Werner, Grundherrschaft im Wandel. Untersuchungen zur Entwicklung geistlicher Grundherrschaften im südwestdeutschen Raum vom 9. bis 14. Jahrhundert, Göttingen 1991 (Veröffentlichungen des Max-Planck-Instituts für Geschichte 102).

Schulz, Knut, Handwerk, Zünfte und Gewerbe. Mittelalter und Renaissance, Darmstadt 2010.

Schubert, Ernst, Novgorod, Brügge, Bergen und London: Die Kontore der

Hanse, in: Concilium medii aevi 5, 2002, 1-50.

Sprenger, Bernd, Das Geld der Deutschen, Paderborn 1991, 3. Aufl. 2002.

Spufford, Peter, Handel, Macht und Reichtum: Kaufleute im Mittelalter, Darmstadt 2004.

Steuer, Heiko, Münzprägung, Silberströme und Bergbau um das Jahr 1000 in Europa—wirtschaftlicher Aufbruch und technische Innovation, in: Achim Hubel, Bernd Schneidmüller (Hg.), Aufbruch ins zweite Jahrtausend. Innovation und Kontinuität in der Mitte des Mittelalters, Ostfildern 2004, 117-149.

## 옮긴이의 글

이 책은 한스외르크 길로멘(Hans-Jörg Gilomen, 1945~)이 쓰고 2014년 독일 체 하 벡(C. H. Beck) 출판사에서 펴낸 《중세 경제사(Wirtschaftsgeschichte des Mittelalters)》를 우리말로 옮긴 것이다. 한스외르크 길로멘은 바젤 대학교와 파리 사회과학고등연구원(École des Hautes Études en Sciences Sociales)에서 역사를 공부했다. 파리 사회과학고등연구원에서는 중세사의 거장 자크 르 고프(Jacques Le Goff)의 지도를 받았다. 1976년 클뤼니 수도원에 속한 바젤의 세인트 알반(St. Alban) 수도원의 지주제에 관한 논문으로 박사 학위를 취득했다. 그리고 1984년 바젤 대학교에서 프란티셰크 그라우스(František Graus) 교수의 지도로 〈중세 시대의 지대 거래(Der Rentenkauf im Mittelalter)〉라는 교수 자격 논문(Habilitation)을 발표했다. 그 후 1988년부터 2010년 정년 때까지 스위스 취리히 대학교에서 정교수로 재직했다. 그의 연구 영역은 중세 시대의 경제사, 사회사, 심성사, 교회사 등에 걸쳐 있다.

이 책은 시기적으로 5세기에서 15세기까지 약 중세 1000년 동안의 경제사를 크게 네 시기로 구분해서 설명한다. 먼저 5~7세기의 고대 로마에서 중세로의 전환기, 다음으로 7~9세기의 중세 초기를 다루고, 그 후 중세 성기(盛期) 혹은 중기로 구분하는 10~13세기의 침체와 새로운 도약기, 마지막으로 14~15세기, 즉 중세 후기의 위기와 새로운 도전기를 서술한다. 저자는 각 시기의 독특한 시대상은 물론 공통된 주제를 시기별로 비교해 보여준다. 예를 들어 광산업, 포도 재배, 가축 사육 등의 시기별 변화를 살필 수 있다. 이와 같은 방법으로 저자는 중세 시대의 경제에서 계속 변화한 것은 무엇이고, 새롭게 등장한 것은 무엇인지를 잘 설명해주고 있다.

저자는 중세의 긴 시간 동안 일어난 경제적 사건과 관련한 모든 주제를 작은 책 속에 꽉 채워 넣었다. 이 작은 책 속의 수많은 주제에 대한 물 샐 틈 없는 전개는 저자의 서양 중세사에 대한 깊은 이해 없이는 불가능한 일이다. 이런 서술이 독자를 지치게 할 수도 있지만 인내심을 가지고 읽고 나면 서양 중세 경제사에 대한 생생한 이해를 하게 되리라 확신한다.

특히 역자는 서양사 연구의 난제의 하나인 지명과 인명 등의 표기 문제에 많은 어려움을 느꼈다. 그리고 긴 시간 동안 일어난 수많은 역사적 사실을 간략하게 서술하는 데 대한 회의도 일었다. 그럼에도 이 책이 서양 경제사 이해에 기여할 여지가 많다고 판단해 기꺼이 번역을 마쳤다.

마지막으로 역자의 번역을 멋진 책으로 만들어준 에코리브르 박재환 대표에게 깊은 감사를 드린다. 번역상의 모든 문제는 모두 역자의 부족함 탓이다.

2017년 12월

득량만을 바라보며 역자 씀

# 찾아보기